Karl-Hans Seyler

Neue Rechtschreibprüfung 2015/2016

Richtig schreiben
Sprache untersuchen

10. Jahrgangsstufe

umweltfreundlich
auf chlorfreiem Papier

pb-verlag • München • 2015

ISBN 978-3-89291-155-5

Vorbemerkungen

Im Schuljahr 2015/2016 werden in der Mittelschule im Fach Deutsch keine Diktate mehr geschrieben. Dieses Prüfungsformat ist nach einem Schreiben des Kultusministeriums vom 7. Juli 2015 nicht mehr zeitgemäß. Es wird erstmals in den Prüfungen im Juni 2016 ein neuer Teil A „Rechtschreiben/Sprachbetrachtung“ eingeführt.
Im vorliegenden Band haben Sie als Lehrkraft die Möglichkeit, in den Bereichen **Richtig schreiben** und **Sprache untersuchen** Ihre Schüler gezielt und fundiert auf die Abschlussprüfung in der 10. Jahrgangsstufe vorzubereiten. Sie können das leicht und ohne viel Aufwand mit den in diesem Band angebotenen elf prüfungsrelevanten Aufgaben, die aus je zwei Seiten bestehen, tun.
Das angebotene Bildmaterial dient zur Erhellung der Sachverhalte.

Neuer Teil A: Rechtschreiben/Sprachbetrachtung (30 Minuten)

Die bisherigen Aufgabenformate (Rechtschreibstrategien wie z. B. Dehnungen, Schärfungen, Mitlautverdopplungen u. a. und einer Überprüfung des rechtschriftlichen Wissens im Hinblick auf Fehlerwörter und Zeichensetzung) werden um Satzbauaufgaben, Konjunktionen, Synonyme und Antonyme, Wortarten, Satzglieder, die korrekte Umsetzung vom Aktiv ins Passiv (und umgekehrt) und von der direkten in die indirekte Rede (und umgekehrt) u. v. m. erweitert.

Bei der Korrektur wird von der maximal zu vergebenden Punktzahl (12 Punkte) pro Fehler ein Punkt bzw. ein halber Punkt abgezogen. Die verbleibenden Punkte werden zu den erreichten Punkten aus dem schriftsprachlichen Bereich (maximal 36 Punkte) addiert. Daraus errechnet sich dann die Gesamtprüfungsnote im Deutschen.

Benotung:

Der Schlüssel unten kann als Bewertungsgrundlage herangezogen werden, wenn es nur um die Benotung der Rechtschreibleistung geht.

Note 1: 12,0 – 10,5 Punkte
Note 2: 10,0 – 8,5 Punkte
Note 3: 8,0 – 6,5 Punkte
Note 4: 6,0 – 4,5 Punkte
Note 5: 4,0 – 2,5 Punkte
Note 6: 2,0 – 0 Punkte

Texte nach:
Planet Wissen/Spiegel Online/Zeit Online/Wikipedia/Süddeutsche Zeitung Online/KMS Bayern

Grundbegriffe der Grammatik (Überblick)

Lateinisch	Deutsch	Beispiele
Adjektiv, das	Eigenschaftswort	**schön**, **gut**, das **schnelle** Auto
Adverb, das	Umstandswort	
	• der Art und Weise	Sie läuft **schnell**. (Wie?)
	• des Grundes	... und **deshalb** kam er nicht. (Warum?)
	• des Ortes	Er geht nach **oben**. (Wo? Wohin?)
	• der Zeit	Er kommt **morgen**. (Wann?)
Akkusativ, der	Wenfall, 4. Fall	Der Schüler fragt **den Lehrer**.
Apostroph, das	Auslassungszeichen	Ist's gut so? Schiller'schen Gedichte
Apposition, die	Beisatz	Klaus, **mein bester Freund**, kommt noch heute.
Artikel, der	Geschlechtswort/Begleiter	der, die, das - ein, eine, ein
Attribut, das	Beifügung	der **siebte** Tag, ein **anhaltend** langer Beifall
Dativ, der	Wemfall, 3. Fall	Der Schüler schreibt **seinem Freund**.
direkte Rede, die	wörtliche Rede	Er fragte: „Gehst du mit?"
Femininum, das	weibliches Namenwort	**die** Frau, **die** Maus, **die** Freude, **eine** Uhr
Futur, das	Zukunft	Ich **werde** heute zum Sport **gehen**.
Genitiv, der	Wessenfall, 2. Fall	das Auto **meines Vaters**
Imperfekt, das	1. Vergangenheit	Ich **lachte** und **ging** schnell nach Hause.
indirekte Rede, die	nichtwörtliche Rede	Ich sagte ihm, dass ich **kommen würde (käme)**.
Infinitiv, der	Grundform des Verbs	lachen, gehen, singen
Interpunktion, die	Zeichensetzung	Ich weiß**,** dass du gehst**.** Wohin**?** Nein**!**
Grammatik, die	Sprachbetrachtung/-lehre	Lehre von Wörtern und Sätzen
Kasus, der	Fall	Nominativ, Genitiv, Dativ, Akkusativ
Komparativ, der	Höherstufe beim Adjektiv	schneller als, besser als
Konjugation, die	Beugung des Verbs	ich gehe, du gehst, wir gehen
Konjunktion, die	Bindewort	und, oder, als, weil, dass
Konsonant, der	Mitlaut	b, f, k, r, sch, w
Maskulinum, das	männliches Namenwort	**der** Mann, **der** Freund, **ein** Tisch
Nomen, das	Namenwort, Hauptwort	Wald, Sonne, Tier
Neutrum, das	sächliches Namenwort	**das** Kind, **das** Auto, **ein** Fahrrad
Nominativ, der	Werfall, 1. Fall	**Der Schüler** schreibt eine Probearbeit.
Numerale, das	Zahlwort	zwei, fünf, zwanzig; einige, manche, viele
Objekt, das	Satzergänzung	Ich lese **das Buch**. Das Buch gehört **mir**.
Partizip, das	Mittelwort	
Partizip Präsens	Mittelwort der Gegenwart	spielend, strahlend, lachend
Partizip Perfekt	Mittelwort der Vergangenheit	gelernt, gegeben, erlaubt, versteckt
Perfekt, das	2. Vergangenheit	Ich **habe gelacht**, er **ist gegangen**.
Plural, der	Mehrzahl	die Häuser, wir springen
Prädikat, das	Satzaussage	Der Vogel **fliegt**.
Präposition, die	Verhältniswort	an, auf, hinter, über, unter, vor
Präsens, das	Gegenwart	ich **lache**, du **erzählst**, wir **singen**
Pronomen, das	Fürwort	**Ich** gebe **dir mein** Buch.
Relativpronomen, das	rückbezügliches Fürwort	der Mann, **der** (**welcher**) ..., das Kind, **das** (**welches**) ...
Singular, der	Einzahl	das Haus, er springt
Subjekt, das	Satzgegenstand	**Er** schwimmt im See. **Das Feuer** brennt hell.
Substantiv, das	Namenwort, Hauptwort	Vater, Katze, Frieden, Stärke
Superlativ, der	Höchststufe beim Adjektiv	am schnellsten, am besten, am sichersten
Verb, das	Zeitwort	lachen, gehen, singen
Vokal, der	Selbstlaut	a, e, i, o, u; ä, ö, ü (Umlaute); au, äu, ai, ei, eu (Doppellaute)

Wichtige Rechtschreibstrategien

ho**ff**en, aktue**ll**, ke**nn**en, Mu**tt**er, Adre**ss**e	Ich **verdopple** nach **kurz**gesprochenem Vokal den **Mitlaut**. Ist nach einem kurzen Vokal nur ein Mitlaut hörbar, dann wird dieser verdoppelt.
ko**mm**t, so**ll**st, wi**ss**t, gewi**nn**t, ho**ff**st, spe**rr**st	Ich bilde die **Grundform** und trenne das Wort. In der Grundform kann ich beim silbenweisen Sprechen den doppelten Mitlaut hören, z. B. ko**m-m**en.
Bli**ck**, tro**ck**en, pa**ck**en, Ka**tz**e, se**tz**en, Bli**tz**	Ich schreibe nach **kurz**gesprochenem Vokal **ck** oder **tz**, wenn nur ein hörbarer k- oder z-Laut folgt. Verdopplung **ck** (statt kk) und **tz** (statt zz).
Br**ie**f, l**ie**gen, n**ie**mand, Energ**ie**, Turn**ier**, prob**ier**en	Ich schreibe das langgesprochene i mit **ie**. Das langgesprochene i wird meist mit ie geschrieben. Das gilt auch für die Wortendungen **-ie**, **-ier**, **-ieren**.
Kin**d**, gel**b**, Ta**g**, frü**h**	Ich **verlängere** das Wort. Bei einer Verlängerung und silbenweisem Mitsprechen kann ich die Mitlaute **b**, **d**, **g** und **h** am Wortende besser hören.
le**b**t, sa**gst**, gelo**bt**, lie**gt**, ge**h**t, gedro**h**t, zie**h**st	Ich bilde die **Grundform** und trenne das Wort. In der Grundform kann ich beim silbenweisen Mitsprechen das **b**, **g** oder **h** besser hören, z. B. lebst -> le-ben.
Han**d**tuch, We**gk**reuz, Gesun**d**heit, le**b**los	Ich trenne das Wort oder trenne die Nachsilbe ab, um **verlängern** zu können, z. B. Hand|tuch -> Hän-de, Gesund|heit -> ge-sün-der.
R**ä**tsel, kr**ä**ftig, Br**äu**ne, h**äu**fig	Ich suche ein **verwandtes Wort** mit **a** oder **au**. Nur wenn es ein verwandtes Wort mit a oder au gibt, wird **ä** oder **äu** geschrieben. Wenn nicht: **e** oder **eu**.
Heiz**ung**, heiz**bar**, Krank**heit**, Zeit**ung**, ruh**ig**, lang**sam**	Ich beachte die **Nachsilbe**. Bei den Nachsilben -heit, -keit, -nis, -schaft, -ung ⇨ **Großschreibung** Bei den Nachsilben -ig, -lich, -isch, -bar, -haft, -los, -sam ⇨ **Kleinschreibung** Bei Fremdwörtern: -age, -anz, -eur, -ie, -tion, -tät ⇨ **Großschreibung** -ell/-iell, -ieren, -isch, -iv ⇨ **Kleinschreibung**
das/beim/sein **S**pielen das **N**eue, ein **L**achen lautes **L**achen am/beim/zum **A**rbeiten sein **B**estes, unser **H**andeln etwas **G**utes, nichts **B**öses **B**aden, **Z**elten verboten	Ich beachte das **Signalwort**, das ein folgendes Wort zum **Nomen** macht. Es gibt verschiedene Arten von Signalwörtern. Das Signalwort ist ein **Artikel**: **das** Besondere, **das** Für und Wider. Das Signalwort ist ein **Adjektiv**: **kurzes** Überlegen, ein **schnelles** Rennen. Das Signalwort ist eine **Präposition** (oft mit verstecktem Artikel: beim = bei dem). Das Signalwort ist ein **Pronomen**: **ihr** Kommen und **sein** Gehen. Das Signalwort ist ein **unbestimmtes Zahlwort**: **wenig** Neues, **alles** Gute. Das Signalwort ist ein **dazugedachter Artikel**: (Das) Baden und (das) Zelten.
verlassen, Vorfahrt, entfernen, missachten, Export	Ich beachte die Vorsilbe und schreibe immer **ver-** oder **vor-** mit **v**, **ent-** mit **t**, **miss-** mit **ss**, **ex-** mit **x** und **prä-** mit **ä**.
Süß**stoff**, glas**klar**, tags**über**, Bilder**buch**, konflikt**frei;** Real**schule**	Ich beachte bei einem zusammengesetzten Wort das **Grundwort**, nach dem sich die Schreibweise richtet. Nur wenn das Grundwort ein Nomen ist, wird es großgeschrieben, sonst immer klein, z. B. Wortbaustein, nagelneu.
au**ss**ehen, en**tt**äuschen, Moto**rr**ad, Les**ee**cke, Schi**fff**ahrt, T**eee**rnte	Ich beachte die **Nahtstelle**. Bei abgeleiteten oder zusammengesetzten Wörtern können zwei oder sogar drei gleiche Laute aufeinandertreffen, z. B. erraten, auffordern, vielleicht, Satzzeichen, Betttuch, Seeelefant.
Arbeit**s**zeit, kondition**s**stark, tag**e**lang, sonne**n**klar	Ich beachte den **Fugenbaustein** (meist ein „-s“). Die Fugenbausteine **-s-**, **-e-**, **-en-**, **-es-**, **-n-** verweisen auf **Zusammenschreibung**.
Ende ≠ Ente lehren ≠ leeren	Bei gleichklingenden Wörtern frage ich nach der **Bedeutung**. Unterschiedliche Bedeutung: im Unterricht l**eh**ren - den Papierkorb l**ee**ren

DRS | Name: ____________________ | Datum: ____________________

Richtig schreiben – Sprache untersuchen
Test 1 (Blatt 1)

1. Finden Sie die passende Rechtschreibstrategie heraus, um das Wort an der markierten Stelle richtig schreiben zu können. Schreiben Sie auf die Leerzeilen. (1 P.)

a. freiwi**ll**ig ____________________

____

b. gequ**ä**lt ____________________

____

2. Im Text unten befinden sich vier Fehler. Streichen Sie die falschen Wörter durch und schreiben Sie diese richtig darunter. (2 P.)

Welche weitere Erwärmung in zukunft auf uns zukommt, hängt neben den Annahmen über die Temparaturerhöhung bei einer Kohlendioxidverdoppelung von den Annahmen über künftige Emissionen an Treibhausgasen und – davon abhängig – ihre künftige Konzentration in der Athmosphäre ab. Je nach Szenoria liegt die mögliche Erwärmung im 21. Jahrhundert zwischen 1,1 °C und 6,4 °C.

____________________ ____________________

____________________ ____________________

3. Setzen Sie die fehlenden Satzzeichen ein. Jedes falsch gesetzte Satzzeichen ergibt einen halben Punkt Abzug. (1,5 P.)

Folgen der Erwärmung Das Wasser dehnt sich aus das Eis beginnt an den Polen zu schmelzen der Meeresspiegel steigt.

4. Kreuzen Sie den richtig geschriebenen Satz an. (0,5 P.)

- ☐ Extreme Wetterlagen werden zunehmen, und wahrscheinlich werden Taifune und Harrikans heftiger werden.
- ☐ Das Wasser dehnt sich aus, das Eis beginnt an den Polen zu schmelzen, der Meeresspiegel steigt.
- ☐ Im 20. Jahrhundert stieg die durchschnittliche Temperatur um etwa 0,6 Grat Celsius an.

Richtig schreiben – Sprache untersuchen
Test 1 (Blatt 1)

1. Finden Sie die passende Rechtschreibstrategie heraus, um das Wort an der markierten Stelle richtig schreiben zu können. Schreiben Sie auf die Leerzeilen. (1 P.)

a. freiwi**ll**ig — *1. Nach kurzem Vokal → Konsonantenverdopplung*
2. Ich kann das Wort trennen oder in Silben sprechen.

b. gequ**ä**lt — *Ich kann das Wort ableiten. Das Stammwort heißt „Qual" → „a". Deshalb schreibt man „gequält" mit „ä".*

2. Im Text unten befinden sich vier Fehler. Streichen Sie die falschen Wörter durch und schreiben Sie diese richtig darunter. (2 P.)

Welche weitere Erwärmung in ~~zukunft~~ auf uns zukommt, hängt neben den Annahmen über die ~~Temparaturerhöhung~~ bei einer Kohlendioxidverdoppelung von den Annahmen über künftige Emissionen an Treibhausgasen und – davon abhängig – ihre künftige Konzentration in der ~~Athmosphäre~~ ab. Je nach ~~Szenoria~~ liegt die mögliche Erwärmung im 21. Jahrhundert zwischen 1,1 °C und 6,4 °C.

Zukunft — *Temperaturerhöhung*

Atmosphäre — *Szenario*

3. Setzen Sie die fehlenden Satzzeichen ein. Jedes falsch gesetzte Satzzeichen ergibt einen halben Punkt Abzug. (1,5 P.)

Folgen der Erwärmung*:* Das Wasser dehnt sich aus*,* das Eis beginnt an den Polen zu schmelzen*,* der Meeresspiegel steigt.

4. Kreuzen Sie den richtig geschriebenen Satz an. (0,5 P.)

☐ Extreme Wetterlagen werden zunehmen, und wahrscheinlich werden Taifune und ~~Harrikans~~ heftiger werden.

☒ Das Wasser dehnt sich aus, das Eis beginnt an den Polen zu schmelzen, der Meeresspiegel steigt.

☐ Im 20. Jahrhundert stieg die durchschnittliche Temperatur um etwa 0,6 ~~Grat~~ Celsius an.

DRS	Name: ____________________	Datum: ____________________	

Richtig schreiben – Sprache untersuchen
Test 1 (Blatt 2)

5. Finden Sie die richtige Bedeutung der unten aufgeführten Fremdwörter heraus. Nur eine Bedeutung ist richtig. Streichen Sie die falschen deutschen Begriffe durch. Jeder Fehler führt zu einem halben Punkt Abzug. (1 P.)

Fragment:	Bruchstück	Gesellschaftsanzug	Zerbrechlichkeit	Zusammenschluss
Kriterium:	Auswahl	Beurteilung	Kennzeichen	Tadel
elementar:	ausgleichend	grundlegend	kirchlich	die Chemie betreffend
Spektrum:	Brille	Lärm	Schauspiel	Bandbreite

6. Bestimmen Sie bei den unterstrichenen Wörtern aus dem Satz unten die jeweilige **Wortart**. (2,5 P.)

Grundsätzlich befindet sich das Erdklima nach der letzten Eiszeit vor 11 500 Jahren zwar in einer natürlichen Warmphase, doch mehren sich die Indizien, dass der Mensch diesen Prozess deutlich beschleunigt.

a. das: ____________________

b. Erdklima: ____________________

c. dass: ____________________

d. natürlichen: ____________________

e. beschleunigt: ____________________

7. Suchen Sie im folgenden Satz je ein Beispiel für die angegebenen **Satzglieder**. Schreiben Sie diese **vollständig** in die passende Zeile daneben. (3 P.)

Wetterprognosen erlauben es bedrohten Menschen inzwischen, Vorkehrungen zu treffen, um sich erfolgsversprechend gegen Fluten, Dürren oder auch Wirbelstürme zu schützen.

a. Subjekt: ____________________

b. Prädikat: ____________________

c. Akkusativobjekt: ____________________

d. Dativobjekt: ____________________

e. Umstand der Zeit: ____________________

f. Umstand der Art und Weise: ____________________

8. Erklären Sie kurz die Redensart „den Teufel an die Wand malen“. (0,5 P.)

____

Gesamtpunktzahl: 12 Punkte

DRS | Lösung

Richtig schreiben – Sprache untersuchen
Test 1 (Blatt 2)

5. Finden Sie die richtige Bedeutung der unten aufgeführten Fremdwörter heraus. Nur eine Bedeutung ist richtig. Streichen Sie die falschen deutschen Begriffe durch. Jeder Fehler führt zu einem halben Punkt Abzug. (1 P.)

Fragment:	Bruchstück	~~Gesellschaftsanzug~~	~~Zerbrechlichkeit~~	~~Zusammenschluss~~
Kriterium:	~~Auswahl~~	~~Beurteilung~~	Kennzeichen	~~Tadel~~
elementar:	~~ausgleichend~~	grundlegend	~~kirchlich~~	~~die Chemie betreffend~~
Spektrum:	~~Brille~~	~~Lärm~~	~~Schauspiel~~	Bandbreite

6. Bestimmen Sie bei den unterstrichenen Wörtern aus dem Satz unten die jeweilige **Wortart**. (2,5 P.)

Grundsätzlich befindet sich das Erdklima nach der letzten Eiszeit vor 11 500 Jahren zwar in einer natürlichen Warmphase, doch mehren sich die Indizien, dass der Mensch diesen Prozess deutlich beschleunigt.

a. das: *Begleiter (Artikel)*

b. Erdklima: *Hauptwort (Nomen, Substantiv)*

c. dass: *Bindewort (Konjunktion)*

d. natürlichen: *Eigenschaftswort (Adjektiv)*

e. beschleunigt: *Tunwort (Zeitwort, Verb)*

7. Suchen Sie im folgenden Satz je ein Beispiel für die angegebenen **Satzglieder**. Schreiben Sie diese **vollständig** in die passende Zeile daneben. (3 P.)

Wetterprognosen erlauben es bedrohten Menschen inzwischen, Vorkehrungen zu treffen, um sich erfolgsversprechend gegen Fluten, Dürren oder auch Wirbelstürme zu schützen.

a. Subjekt: *Klimaprognosen*

b. Prädikat: *befindet sich/zu treffen/zu schützen*

c. Akkusativobjekt: *Vorkehrungen/Fluten, Dürren oder auch Wirbelstürme*

d. Dativobjekt: *bedrohten Menschen*

e. Umstand der Zeit: *inzwischen*

f. Umstand der Art und Weise: *erfolgsversprechend*

8. Erklären Sie kurz die Redensart „den Teufel an die Wand malen". (0,5 P.)

Sie bedeutet, das Schlimmste befürchten, sehr pessimistisch sein.

Gesamtpunktzahl: 12 Punkte

DRS | Name: ______________________ | Datum: ____________________

Richtig schreiben – Sprache untersuchen
Test 2 (Blatt 1)

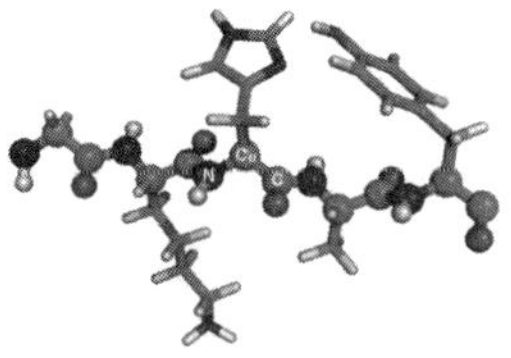

1. Im Text unten befinden sich vier Fehler. Streichen Sie die falschen Wörter durch und schreiben Sie diese richtig darunter. (2 P.)

Einblicke in die Arbeit der Evolution zu gewinnen ist ein ebenso Aufregendes wie schwieriges Unterfangen. Die vermeintlich ersten Lebensspuren, chemische Fingerabdrücke von Bakterien aus einer Zeit von vor 3,8 Milliarden Jahren, scheinen nach neuen Erkenntnissen doch nicht biologischen Uhrsprungs zu sein. Je handfester die Beweise, desto besser. Die ältesten Fossielien, die man bislang gefunden hat, führen in die Urmeere des Erdaltertums und sind 3,5 Milliarden Jahre alt: fadenförmige Zellen aus Kieselgesteinen in Westaustralien, warscheinlich Blaualgen.

______________________ ______________________

______________________ ______________________

2. Wandeln Sie den folgenden Satz in die indirekte Rede um. (1 P.)

Manche Wissenschaftler meinen: „Außerirdische sind vor Jahrtausenden mit Raumschiffen auf der Erde gelandet.“

____

____

3. Wandeln Sie den Satz so um, dass ein Satzgefüge (Haupt- und Nebensatz) entsteht. (1 P.)

Trotz der Entdeckung einiger Aminosäuren ist die Entstehung des Lebens noch nicht bewiesen.

____

____

4. Setzen Sie im nachfolgenden Satz das richtige Wort ein und begründen Sie dessen Schreibweise. (1,5 P.)

Das ist eine Hypothese, der __________ (seid/seit) gut einem halben Jahrhundert nicht mehr widersprochen wird.

____

____

5. Kreuzen Sie den Satz an, in welchem alles richtig geschrieben ist. (0,5 P.)

- ☐ Die experimentell bewiesene Theorie von der Ursuppe des Lebens machte welt weit Furore.
- ☐ Um die gewalltigen Gewitter der Uratmosphäre zu simulieren, verwendete Stanley Miller Elektroden, an die er sehr hohe Spannungen anlegte.
- ☐ In den Rückständen entdeckte Stanley Miller unter anderem Aminosäuren, die Grundbausteine des Lebens.

DRS | Lösung

Richtig schreiben – Sprache untersuchen
Test 2 (Blatt 1)

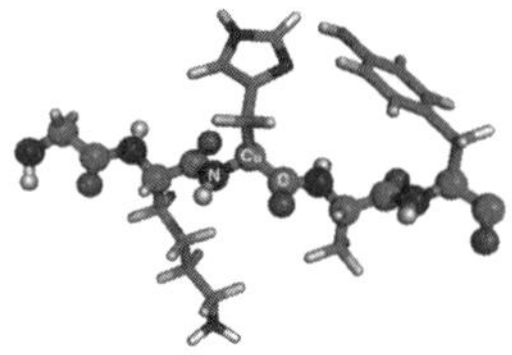

1. Im Text unten befinden sich vier Fehler. Streichen Sie die falschen Wörter durch und schreiben Sie diese richtig darunter. (2 P.)

Einblicke in die Arbeit der Evolution zu gewinnen ist ein ebenso ~~Aufregendes~~ wie schwieriges Unterfangen. Die vermeintlich ersten Lebensspuren, chemische Fingerabdrücke von Bakterien aus einer Zeit von vor 3,8 Milliarden Jahren, scheinen nach neuen Erkenntnissen doch nicht biologischen ~~Uhrsprungs~~ zu sein. Je handfester die Beweise, desto besser. Die ältesten ~~Fossielien~~, die man bislang gefunden hat, führen in die Urmeere des Erdaltertums und sind 3,5 Milliarden Jahre alt: fadenförmige Zellen aus Kieselgesteinen in Westaustralien, ~~warscheinlich~~ Blaualgen.

aufregendes | *Ursprungs*

Fossilien | *wahrscheinlich*

2. Wandeln Sie den folgenden Satz in die indirekte Rede um. (1 P.)

Manche Wissenschaftler meinen: „Außerirdische sind vor Jahrtausenden mit Raumschiffen auf der Erde gelandet."

Manche Wissenschaftler meinen, Außerirdische seien vor Jahrtausenden mit Raumschiffen auf der Erde gelandet. (Alternative: ... meinen, dass ... gelandet seien.)

3. Wandeln Sie den Satz so um, dass ein Satzgefüge (Haupt- und Nebensatz) entsteht. (1 P.)

Trotz der Entdeckung einiger Aminosäuren ist die Entstehung des Lebens noch nicht bewiesen.

Obwohl einige Aminosäuren entdeckt wurden, ist die Entstehung des Lebens noch nicht bewiesen.

4. Setzen Sie im nachfolgenden Satz das richtige Wort ein und begründen Sie dessen Schreibweise. (1,5 P.)

Das ist eine Hypothese, der *seit* (seid/seit) gut einem halben Jahrhundert nicht mehr widersprochen wird.

„Seit" mit „t" wird in Verbindung mit einer Zeitangabe verwendet, während „seid" von dem Verb „sein" abgeleitet ist (Beispiel: Ihr seid zuhause.).

5. Kreuzen Sie den Satz an, in welchem alles richtig geschrieben ist. (0,5 P.)

- ☐ Die experimentell bewiesene Theorie von der Ursuppe des Lebens machte ~~welt weit~~ Furore.
- ☐ Um die ~~gewalltigen~~ Gewitter der Uratmosphäre zu simulieren, verwendete Stanley Miller Elektroden, an die er sehr hohe Spannungen anlegte.
- ☒ In den Rückständen entdeckte Stanley Miller unter anderem Aminosäuren, die Grundbausteine des Lebens.

DRS	Name: ______________________	Datum: ______________________	

Richtig schreiben – Sprache untersuchen
Test 2 (Blatt 2)

6. Nennen Sie für jeden Rechtschreibfall eine passende Rechtschreibstrategie bzw. Rechtschreibregel. (1,5 P.)

a. beim **A**usbrechen der Vulkane

____

____

b. Ausstoß von Asche und Ru**ß**

____

c. entscheiden**d**

____

7. Begründen Sie die Kommasetzung im folgenden Satz. (1 P.)

Aus komplexen Proteinen entwickelte sich die erste lebende Zelle, die sich fortbewegen und vermehren konnte.

____

8. Nur einer der vier angegebenen Ausdrücke passt genau in den Zusammenhang des jeweiligen Satzes. Streichen Sie die falschen drei Ausdrücke durch. (1,5 P.)

a. Stanley Miller fand in den 1950er-Jahren als Chemiker einen Weg zur **Produzierung/Herstellung/Erstellung/Erschaffung** von Aminosären, den Grundbausteinen des Lebens.

b. Vor vier Milliarden Jahren schleuderten auf der Erde Vulkane **zeitlos/unablässig/regellos/bleibend** giftige Gase und Gesteinsbrocken in die noch dünne Atmosphäre.

c. Wenn man von Stanley Millers Versuch spricht, muss auch der Chemiker Harold Clayton **in Berührung gebracht/verknüpft/erwähnt/in Zusammenhang gestellt** werden.

9. Bestimmen Sie bei den unterstrichenen Wörtern aus dem Satz unten die jeweilige **Wortart**. (2 P.)

Aus Gasen und Mineralien entstanden mit der Zeit erst einfache, dann immer komplexere organische Verbindungen.

a. Mineralien: ______________________

b. mit: ______________________

c. entstanden: ______________________

d. komplexere: ______________________

Gesamtpunktzahl: 12 Punkte

Richtig schreiben – Sprache untersuchen
Test 2 (Blatt 2)

6. Nennen Sie für jeden Rechtschreibfall eine passende Rechtschreibstrategie bzw. Rechtschreibregel. (1,5 P.)

a. beim **A**usbrechen der Vulkane

Ich achte auf das Signalwort „beim" („bei dem") → Großschreibung

b. Ausstoß von Asche und Ru**ß**

Nach lang gesprochenem Vokal wird ein stimmloses s zumeist mit scharfem s („ß") geschrieben.

c. entscheiden**d**

Ich verlängere das Wort und spreche silbenweise mit → das „b" wird hörbar

7. Begründen Sie die Kommasetzung im folgenden Satz. (1 P.)

Aus komplexen Proteinen entwickelte sich die erste lebende Zelle, die sich fortbewegen und vermehren konnte.

Haupt- und Nebensatz (Gliedsatz) werden durch ein Komma getrennt.

8. Nur einer der vier angegebenen Ausdrücke passt genau in den Zusammenhang des jeweiligen Satzes. Streichen Sie die falschen drei Ausdrücke durch. (1,5 P.)

a. Stanley Miller fand in den 1950er-Jahren als Chemiker einen Weg zur **~~Produzierung~~/Herstellung/~~Erstellung~~/~~Erschaffung~~** von Aminosären, den Grundbausteinen des Lebens.

b. Vor vier Milliarden Jahren schleuderten auf der Erde Vulkane **~~zeitlos~~/unablässig/~~regellos~~/~~bleibend~~** giftige Gase und Gesteinsbrocken in die noch dünne Atmosphäre.

c. Wenn man von Stanley Millers Versuch spricht, muss auch der Chemiker Harold Clayton **~~in Berührung gebracht~~/~~verknüpft~~/erwähnt/~~in Zusammenhang gestellt~~** werden.

9. Bestimmen Sie bei den unterstrichenen Wörtern aus dem Satz unten die jeweilige **Wortart**. (2 P.)

Aus Gasen und Mineralien entstanden mit der Zeit erst einfache, dann immer komplexere organische Verbindungen.

a. Mineralien: *Nomen (Substantiv)*

b. mit: *Verhältniswort (Präposition)*

c. entstanden: *Tunwort (Verb)*

d. komplexere: *Eigenschaftswort (Adjektiv), Vergleichsstufe*

Gesamtpunktzahl: 12 Punkte

DRS | Name: ______________________ | Datum: ______________________

Richtig schreiben – Sprache untersuchen
Test 3 (Blatt 1)

1. Im Text befinden sich vier falsch geschriebene Wörter. Streichen Sie die falsch geschriebenen Wörter durch und schreiben Sie diese richtig auf die Zeilen unten. (2 P.)

Menschenaffen beweisen jeden Tag aufs Neue ihre Intelligenz, den offensichtlich sind sie in der Lage, über Probleme nachzudenken. Sie können kombinieren, das man mit langen, dünnen Stöckchen schmakhafte Insekten hinter der Baumrinde hervorholen kann. Dennoch glauben manche Forscher bei Affen nicht an Intelligenz, zumindest nicht an eine menschliche, sondern sprechen von Nachamungslernen.

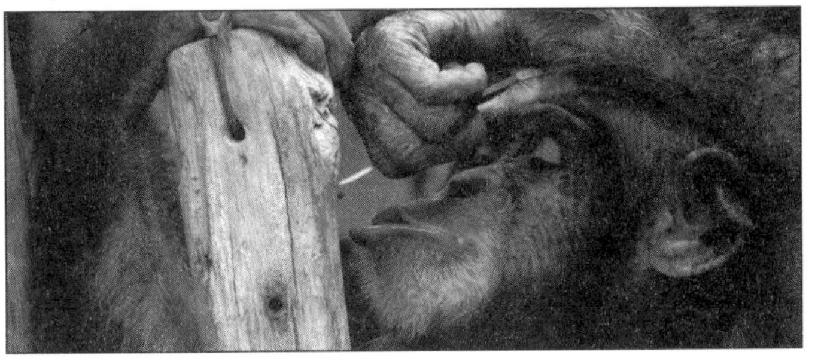

____

____

____

____

2. Wandeln Sie den folgenden Satz in die direkte Rede um. (1 P.)

Wissenschaftler behaupten, der Homo erectus sei intelligenter gewesen als der Homo habilis.

____

____

3. Setzen Sie den Satz unten ins Passiv. (1 P.)

Der Schimpanse nahm das kleine Stöckchen problemlos in seine Hand.

____

____

4. Setzen Sie im folgenden Satz das richtige Wort ein und begründen Sie die Schreibweise. (1 P.)

Einige Wissenschaftler (erwidern/erwiedern) ______________________, dass Tiere durchaus Anzeichen von Intelligenz besitzen können.

____

____

5. Setzen Sie in die Lücken jeweils einen oder zwei Buchstaben ein, sodass ein sinnvoller Text entsteht. Jeder Fehler führt zu einem halben Punkt Abzug. (2 P.)

Raben sind kluge Tiere. Hier ein ____aar Beispiele: Vorbeifahrende Autos sind für sie kein Hinderni____, sondern werden zum ____nacken von harten Nüssen genutzt. Und manche Raben holen die Nus____tücke erst dann von der Straße, wenn die Ampel auf ____ot steht und kein Auto mehr fährt. Noch beeindruckender ist: ____ndere Raben schauen sich diesen Trick rasch ab.

DRS | Lösung

Richtig schreiben – Sprache untersuchen
Test 3 (Blatt 1)

1. Im Text befinden sich vier falsch geschriebene Wörter. Streichen Sie die falsch geschriebenen Wörter durch und schreiben Sie diese richtig auf die Zeilen unten. (2 P.)

Menschenaffen beweisen jeden Tag aufs Neue ihre Intelligenz, ~~den~~ offensichtlich sind sie in der Lage, über Probleme nachzudenken. Sie können kombinieren, ~~das~~ man mit langen, dünnen Stöckchen ~~schmakhafte~~ Insekten hinter der Baumrinde hervorholen kann. Dennoch glauben manche Forscher bei Affen nicht an Intelligenz, zumindest nicht an eine menschliche, sondern sprechen von ~~Nachamungslernen~~.

denn

dass

schmackhafte

Nachahmungslernen

2. Wandeln Sie den folgenden Satz in die direkte Rede um. (1 P.)
Wissenschaftler behaupten, der Homo erectus sei intelligenter gewesen als der Homo habilis.

Wissenschaftler behaupten: „Der Homo erectus ist intelligenter gewesen als der Homo habilis."

3. Setzen Sie den Satz unten ins Passiv. (1 P.)
Der Schimpanse nahm das kleine Stöckchen problemlos in seine Hand.

Das kleine Stöckchen wurde von dem Schimpansen problemlos in seine Hand genommen.

4. Setzen Sie im folgenden Satz das richtige Wort ein und begründen Sie die Schreibweise. (1 P.)

Einige Wissenschaftler (erwidern/erwiedern) *erwidern*, dass Tiere durchaus Anzeichen von Intelligenz besitzen können.

„wider" bedeutet so viel wie „gegen", „dagegen", „entgegen". „Erwidern" heißt demnach „dagegensprechen".

5. Setzen Sie in die Lücken jeweils einen oder zwei Buchstaben ein, sodass ein sinnvoller Text entsteht. Jeder Fehler führt zu einem halben Punkt Abzug. (2 P.)

Raben sind kluge Tiere. Hier ein *p*aar Beispiele: Vorbeifahrende Autos sind für sie kein Hinderni*s*, sondern werden zum *K*nacken von harten Nüssen genutzt. Und manche Raben holen die Nus*ss*tücke erst dann von der Straße, wenn die Ampel auf *R*ot steht und kein Auto mehr fährt. Noch beeindruckender ist: *A*ndere Raben schauen sich diesen Trick rasch ab.

DRS	Name: ______________________	Datum: ______________________	

Richtig schreiben – Sprache untersuchen
Test 3 (Blatt 2)

6. Beantworten Sie die Fragen zu folgendem Wörterbucheintrag. (1 P.)

> **Al l ler l gie**, die; -; -n (griech.) (med.: krankhafte Reaktion des Organismus auf bestimmte, körperfremde Stoffe: (**Al l ler l ge l ne**), Überempfindlichkeit; an einer A. leiden;
> **al l ler l gisch** (a. gegen Birkenpollen); **al l ler l gie l ge l tes l tet**; **Al l ler l gie l schock**, der;
> **Al l ler l go l lo l gie**, die; -; -n (wissenschaftliche Erforschung der Allergien)

a. In welchem Fachgebiet wird das Wort „Allergie“ verwendet?

____

b. Schreiben Sie das Adjektiv zu „Allergie“ in Silben getrennt auf.

____

7. Finden Sie die Bedeutung der unterstrichenen Fremdwörter heraus und schreiben Sie die Erklärung auf die Zeilen unter dem Text. (2 P.)

Intelligenz ist, vereinfacht ausgedrückt, die Fähigkeit, Probleme und Aufgaben <u>effektiv</u> und schnell zu lösen und sich in ungewohnten Situationen zurecht zu finden. Trotzdem ist sich die Wissenschaft nicht einig, wenn es um eine zutreffende und umfassende <u>Definition</u> geht. Ein Teil der Wissenschaftler geht von einem einzigen Intelligenzfaktor, dem „Generalfaktor g“ aus, der unterschiedlich hoch sein kann. Andere Forscher wiederum <u>favorisieren</u> eine ganze Palette voneinander relativ unabhängiger Intelligenzen wie <u>verbales</u> Verständnis, / räumliches Vorstellungsvermögen, Gedächtnis und Zahlenverständnis.

____

____

____

____

8. Streichen Sie das Wort durch, das sich in seiner Bedeutung am deutlichsten von den anderen drei Wörtern der Reihe abhebt. (1,5 P.)

a. abheften – einordnen – ablegen – weiterleiten
b. Furcht – Trauer – Beileid – Niedergeschlagenheit
c. interessiert – rücksichtslos – aufgeweckt – wissbegierig

9. Was bedeutet die Redensart „von der Hand in den Mund leben“? (0,5 P.)

____

Gesamtpunktzahl: 12 Punkte

DRS | Lösung

Richtig schreiben – Sprache untersuchen
Test 3 (Blatt 2)

6. Beantworten Sie die Fragen zu folgendem Wörterbucheintrag. (1 P.)

> **Al | ler | gie**, die; -; -n (griech.) (med.: krankhafte Reaktion des Organismus auf bestimmte, körperfremde Stoffe: (**Al | ler | ge | ne**), Überempfindlichkeit; an einer A. leiden; **al | ler | gisch** (a. gegen Birkenpollen); **al | ler | gie | ge | tes | tet**; **Al | ler | gie | schock**, der; **Al | ler | go | lo | gie**, die; -; -n (wissenschaftliche Erforschung der Allergien)

a. In welchem Fachgebiet wird das Wort „Allergie" verwendet?

Medizin (medizinisch)

b. Schreiben Sie das Adjektiv zu „Allergie" in Silben getrennt auf.

al - ler - gisch

7. Finden Sie die Bedeutung der unterstrichenen Fremdwörter heraus und schreiben Sie die Erklärung auf die Zeilen unter dem Text. (2 P.))

Intelligenz ist, vereinfacht ausgedrückt, die Fähigkeit, Probleme und Aufgaben effektiv und schnell zu lösen und sich in ungewohnten Situationen zurecht zu finden. Trotzdem ist sich die Wissenschaft nicht einig, wenn es um eine zutreffende und umfassende Definition geht. Ein Teil der Wissenschaftler geht von einem einzigen Intelligenzfaktor, dem „Generalfaktor g" aus, der unterschiedlich hoch sein kann. Andere Forscher wiederum favorisieren eine ganze Palette voneinander relativ unabhängiger Intelligenzen wie verbales Verständnis, / räumliches Vorstellungsvermögen, Gedächtnis und Zahlenverständnis.

effektiv: wirksam, wirkungsvoll, lohnend, nutzbringend

Definition: genaue Bestimmung eines Begriffs, Erklärung eines Begriffs

favorisieren: bevorzugen, begünstigen, zum voraussichtlichen Sieger erklären

verbal: mit Worten, mithilfe der Sprache, wörtlich, mündlich

8. Streichen Sie das Wort durch, das sich in seiner Bedeutung am deutlichsten von den anderen drei Wörtern der Reihe abhebt. (1,5 P.)

a. abheften – einordnen – ablegen – ~~weiterleiten~~
b. ~~Furcht~~ – Trauer – Beileid – Niedergeschlagenheit
c. interessiert – ~~rücksichtslos~~ – aufgeweckt – wissbegierig

9. Was bedeutet die Redensart „einen lichten Moment haben"? (0,5 P.)

kurzzeitig einmal etwas verstehen/kurzzeitig gescheit sein

Gesamtpunktzahl: 12 Punkte

DRS | Name: ____________________ | Datum: ____________________

Richtig schreiben – Sprache untersuchen
Test 4 (Blatt 1)

1. Im Text befinden sich vier Fehlerwörter. Streichen Sie diese durch und schreiben Sie sie korrekt unten auf die Zeilen. (2 P.)

Wie jeder andere Wirtschaftszweig funktioniert die Werbung nach dem Prinziep Angebot und Nachfrage. Das Angebot ist in diesem Fall jedoch nur schwer zu verkaufen. Werbung ist trotz gegenleufiger Zahlen in der Meinung vieler immer noch negativ besetzt. Das wissen auch die Werbemacher. Sie müssen die Werbung attraktiv gestallten, das sie unterhält, erschreckt und neugierig macht. Oberstes Ziel der Werbung ist es, Aufmerksamkeit zu wecken.

____________________ ____________________

____________________ ____________________

2. Finden Sie die passende Rechtschreibstrategie heraus, um das Wort an der markierten Stelle richtig schreiben zu können. Kreuzen Sie an. (1,5 P.)

a. **m**anipulieren
- ☐ Ich beachte die Vorsilbe.
- ☐ Ich muss mir das Wort merken.
- ☐ Ich beachte die Nachsilbe.

b. **h**umorvolle
- ☐ Ich suche verwandte Wörter.
- ☐ Ich beachte das Grundwort.
- ☐ Ich bilde die Mehrzahl.

c. zune**h**mend
- ☐ Ich suche verwandte Wörter.
- ☐ Ich muss mir das Wort merken.
- ☐ Ich beachte den lang gesprochenen Vokal.

3. Schreiben Sie den Text unten korrekt auf. Jeder Fehler gibt einen halben Punkt Abzug. (1 P.)

DERKAMPFUMDIEAUFMERKSAMKEITDESZUSCHAUERSFÜHRTDAZU,DASSSICHDIEWERB EPRODUZENTENIMMERMEHREINFALLENLASSENMÜSSEN,DAMITIHREPRODUKTEÜBERH AUPTNOCHWAHRGENOMMENWERDEN.

____

____

____

4. Setzen Sie die passenden Wörter unten korrekt ein. (1,5 P.)

a. Ein paar Sekunden Aufmerksamkeit – das ist der maximale Preis, __________ ein Zuschauer bereit ist, für eine gute Werbung zu zahlen.

b. Nicht nur optische, __________________ akustische Reize spielen in der Werbung eine Rolle.

c. Man nutzt sexuelle Anspielungen ______________ bei Duschgel, Körperlotion oder Bier.

Richtig schreiben – Sprache untersuchen
Test 4 (Blatt 1)

1. Im Text befinden sich vier Fehlerwörter. Streichen Sie diese durch und schreiben Sie sie korrekt unten auf die Zeilen. (2 P.)

Wie jeder andere Wirtschaftszweig funktioniert die Werbung nach dem ~~Prinziep~~ Angebot und Nachfrage. Das Angebot ist in diesem Fall jedoch nur schwer zu verkaufen. Werbung ist trotz ~~gegenleufiger~~ Zahlen in der Meinung vieler immer noch negativ besetzt. Das wissen auch die Werbemacher. Sie müssen die Werbung attraktiv ~~gestallten~~, ~~das~~ sie unterhält, erschreckt und neugierig macht. Oberstes Ziel der Werbung ist es, Aufmerksamkeit zu wecken.

Prinzip | *gegenläufiger*

gestalten | *dass*

2. Finden Sie die passende Rechtschreibstrategie heraus, um das Wort an der markierten Stelle richtig schreiben zu können. Kreuzen Sie an. (1,5 P.)

a. **m**anipulieren
- ☐ Ich beachte die Vorsilbe.
- ☐ Ich muss mir das Wort merken.
- ☒ Ich beachte die Nachsilbe.

b. **h**umorvolle
- ☐ Ich suche verwandte Wörter.
- ☒ Ich beachte das Grundwort.
- ☐ Ich bilde die Mehrzahl.

c. zune**h**mend
- ☐ Ich suche verwandte Wörter.
- ☐ Ich muss mir das Wort merken.
- ☒ Ich beachte den lang gesprochenen Vokal.

3. Schreiben Sie den Text unten korrekt auf. Jeder Fehler gibt einen halben Punkt Abzug. (1 P.)

DERKAMPFUMDIEAUFMERKSAMKEITDESZUSCHAUERSFÜHRTDAZU,DASSSICHDIEWERBEPRODUZENTENIMMERMEHREINFALLENLASSENMÜSSEN,DAMITIHREPRODUKTEÜBERHAUPTNOCHWAHRGENOMMENWERDEN.

Der Kampf um die Aufmerksamkeit des Zuschauers führt dazu, dass sich die Werbeproduzenten immer mehr einfallen lassen müssen, damit ihre Produkte überhaupt noch wahrgenommen werden.

4. Setzen Sie die passenden Wörter unten korrekt ein. (1,5 P.)

a. Ein paar Sekunden Aufmerksamkeit – das ist der maximale Preis, *den* ein Zuschauer bereit ist, für eine gute Werbung zu zahlen.

b. Nicht nur optische, *sondern auch* akustische Reize spielen in der Werbung eine Rolle.

c. Man nutzt sexuelle Anspielungen *wie (z. B.)* bei Duschgel, Körperlotion oder Bier.

DRS	Name: ______________________	Datum: ______________________	

Richtig schreiben – Sprache untersuchen
Test 4 (Blatt 2)

5. Erklären Sie die vier im Text unterstrichenen Fremdwörter. Schreibe sie diese auf die Zeilen unter dem Text. (2 P.)

Viele Werbungen werden immer extremer. Mit fast allen Mitteln wird versucht, die Verkaufszahlen des beworbenen Produktes in die Höhe zu treiben. Man nutzt sexuelle Anspielungen, bricht Tabus oder erfindet auffällige Slogans wie zum Beispiel „Geiz ist geil!“ oder „Ich bin doch nicht blöd!“, die sich aufgrund ihrer umgangssprachlichen Ausdrücke leicht einprägen.

____

____

____

____

6. Wofür stehen folgende zwei Abkürzungen? (1 P.)

a. Bsp. ______________________ b. evtl. ______________________

7. Unterstreichen Sie in den folgenden Sätzen das jeweils angegebene Satzglied **vollständig**. (2 P.)

a. Objekt im 3. Fall (Dativobjekt):
Werbung sind alle Maßnahmen von Unternehmen, ihre Produkte den Kunden bekannt zu machen.
b. Subjekt:
Vorrangiges Ziel der Werbung ist, die Aufmerksamkeit der potentiellen Kunden zu erregen.
c. Prädikat:
Werbung wird über Schrift und Text sowie über Bilder verbreitet.
d. Umstand der Art und Weise:
Der übliche Werbespot ist ein Slogan, den man sich oft sehr leicht merken kann.

8. Verbinden Sie die beiden Sätze so miteinander, dass Adverbialsätze entstehen. (1 P.)

a. Der Werbeannonce steht ganz hinten. Kaum einer wird sie sehen.

____

____

b. Plötzlich setzte ein Gewitter ein. Die Werbeveranstaltung musste abgebrochen werden.

____

____

Gesamtpunktzahl: 12 Punkte

DRS | Lösung

Richtig schreiben – Sprache untersuchen
Test 4 (Blatt 2)

5. Erklären Sie die vier im Text unterstrichenen Fremd wörter. Schreibe sie diese auf die Zeilen unter dem Text. (2 P.)

Viele Werbungen werden immer extremer. Mit fast allen Mitteln wird versucht, die Verkaufszahlen des beworbenen Produktes in die Höhe zu treiben. Man nutzt sexuelle Anspielungen, bricht Tabus oder erfindet auffällige Slogans wie zum Beispiel „Geiz ist geil!“ oder „Ich bin doch nicht blöd!“, die sich aufgrund ihrer umgangssprachlichen Ausdrücke leicht einprägen.

extrem: ausgefallen, auffällig, überzogen, auffallend, verrückt, äußerst ..., radikal

Produkt: Erzeugnis, Fabrikat, Ware, Artikel

Tabu: Verbot für bestimmte Handlungen, Unantastbarkeit, ungeschriebenes Gesetz

Slogan: einprägsame Redewendung, Werbespruch, Leitspruch, Wahlspruch

6. Wofür stehen folgende zwei Abkürzungen? (1 P.)

a. Bsp. *Beispiel* b. evtl. *eventuell*

7. Unterstreichen Sie in den folgenden Sätzen das jeweils angegebene Satzglied **vollständig**. (2 P.)

a. Objekt im 3. Fall (Dativobjekt):
Werbung sind alle Maßnahmen von Unternehmen, ihre Produkte den Kunden bekannt zu machen.
b. Subjekt:
Vorrangiges Ziel der Werbung ist, die Aufmerksamkeit der potentiellen Kunden zu erregen.
c. Prädikat:
Werbung wird über Schrift und Text sowie über Bilder verbreitet.
d. Umstand der Art und Weise:
Der übliche Werbespot ist ein Slogan, den man sich oft sehr leicht merken kann.

8. Verbinden Sie die beiden Sätze so miteinander, dass Adverbialsätze entstehen. (1 P.)

a. Der Werbeannonce steht ganz hinten. Kaum einer wird sie sehen.

Die Werbeannonce steht ganz hinten, wo sie kaum einer sehen wird.

b. Plötzlich setzte ein Gewitter ein. Die Werbeveranstaltung musste abgebrochen werden.

Weil plötzlich ein Gewitter einsetzte, musste die Werbeveranstaltung abgebrochen werden.

Gesamtpunktzahl: 12 Punkte

DRS | Name: ____________________ | Datum: ____________________

Richtig schreiben – Sprache untersuchen
Test 5 (Blatt 1)

1. Finden Sie die passende Rechtschreibstrategie heraus, um das Wort an der markierten Stelle richtig schreiben zu können. Kreuzen Sie an. (1,5 P.)

a. bedeuten**d**ste
- ☐ Ich muss mir das Wort merken.
- ☐ Ich setze das Wort in die Vergleichsstufe.
- ☐ Ich beachte die Nachsilbe.

b. **n**aturwissenschaftlich
- ☐ Ich beachte die Nachsilbe.
- ☐ Ich beachte das Grundwort.
- ☐ Ich beachte das Bestimmungswort.

c. Staat**s**dienst
- ☐ Ich suche verwandte Wörter.
- ☐ Ich trenne das Wort.
- ☐ Ich beachte den lang gesprochenen Vokal.

2. Im Text unten befinden sich vier Fehlerwörter. Schreiben Sie diese unten korrekt auf. (2 P.)

Johann Wolfgang von Goethe wurde 1749 in Frankfurt am Main geboren. Er begann sein Jurastudium 1768 in Leipzig, dass er aber wegen einer schweren Krankheit unterbrach und 1771 in Straßburg fort setzte. Auf Einladung von Herzog Carl August von Sachsen zog er nach Weimar, wo er ab 1776 im Staatsdienst als Minister und Geheimrat arbeitete. Goethe betätigte sich auch als Forscher auf Naturwissenschaftlichem Gebiet. Er unternahm zwei große Italienreißen, die erste von 1786 bis 1788, die zweite 1790. Goethe starb 1832 in Weimar.

3. Schreiben Sie den Text unten richtig auf. Jeder Fehler gibt einen halben Punkt Abzug. (1,5 P.)

goethebrachteseinenliebeskummer,weildieschönecharlottebuffschonvergebenwar,indemroman „dieleidendesjungenwerther“zumausdruck.diegeschichtewurde1774zueinemunglaublichenpublikumserfolg.

4. Setzen Sie die fehlenden Satzzeichen korrekt in den Text unten ein. Jeder Fehler ergibt einen halben Punkt Abzug. (1 P.)

Goethe gilt nicht nur als der bedeutendste deutsche Dichter er profilierte sich auch als Naturwissenschaftler in Physik Botanik Anatomie und Mineralogie.

DRS | Lösung

Richtig schreiben – Sprache untersuchen
Test 5 (Blatt 1)

1. Finden Sie die passende Rechtschreibstrategie heraus, um das Wort an der markierten Stelle richtig schreiben zu können. Kreuzen Sie an. (1,5 P.)

a. bedeuten**d**ste
- ☐ Ich muss mir das Wort merken.
- ☒ Ich setze das Wort in die Vergleichsstufe.
- ☐ Ich beachte die Nachsilbe.

b. **n**aturwissenschaftlich
- ☒ Ich beachte die Nachsilbe.
- ☐ Ich beachte das Grundwort.
- ☐ Ich beachte das Bestimmungswort.

c. Staat**s**dienst
- ☐ Ich suche verwandte Wörter.
- ☒ Ich trenne das Wort.
- ☐ Ich beachte den lang gesprochenen Vokal.

2. Im Text unten befinden sich vier Fehlerwörter. Schreiben Sie diese unten korrekt auf. (2 P.)

Johann Wolfgang von Goethe wurde 1749 in Frankfurt am Main geboren. Er begann sein Jurastudium 1768 in Leipzig, ~~dass~~ er aber wegen einer schweren Krankheit unterbrach und 1771 in Straßburg ~~fort setzte~~. Auf Einladung von Herzog Carl August von Sachsen zog er nach Weimar, wo er ab 1776 im Staatsdienst als Minister und Geheimrat arbeitete. Goethe betätigte sich auch als Forscher auf ~~Naturwissenschaftlichem~~ Gebiet. Er unternahm zwei große ~~Italienreißen~~, die erste von 1786 bis 1788, die zweite 1790. Goethe starb 1832 in Weimar.

das | *fortsetzte*

naturwissenschaftlichem | *Italienreisen*

3. Schreiben Sie den Text unten richtig auf. Jeder Fehler gibt einen halben Punkt Abzug. (1,5 P.)

goethebrachteseinenliebeskummer,weildieschönecharlottebuffschonvergebenwar,indemroman „dieleidendesjungenwerther“zumausdruck.diegeschichtewurde1774zueinemunglaublichenpubli kumserfolg.

Goethe brachte seinen Liebeskummer, weil die schöne Charlotte Buff schon vergeben war, in dem Roman „Die Leiden des jungen Werther“ zum Ausdruck. Die Geschichte wurde 1774 zu einem unglaublichen Publikumserfolg.

4. Setzen Sie die fehlenden Satzzeichen korrekt in den Text unten ein. Jeder Fehler ergibt einen halben Punkt Abzug. (1 P.)

Goethe gilt nicht nur als der bedeutendste deutsche Dichter, er profilierte sich auch als Naturwissenschaftler in Physik, Botanik, Anatomie und Mineralogie.

DRS | Name: ______________________ | Datum: ______________________

Richtig schreiben – Sprache untersuchen
Test 5 (Blatt 2)

5. Formen Sie in den folgenden Sätzen die unterstrichenen Satzglieder zu einem Nebensatz mit gleicher Bedeutung um. (1,5 P.)

a. <u>Aufgrund von Liebeskummer</u> schrieb Goethe den Roman „Die Leiden des jungen Werther“.

____

____

b. <u>Im Alter von 22 Jahren</u> lernte Goethe in Wetzlar die schöne Charlotte Buff kennen.

____

____

c. <u>Auf Einladung von Herzog Carl August von Sachsen</u> zog Goethe nach Weimar.

____

____

6. Wie heißen die in den Bildern unten dargestellten Redensarten? (2,5 P.)

a.
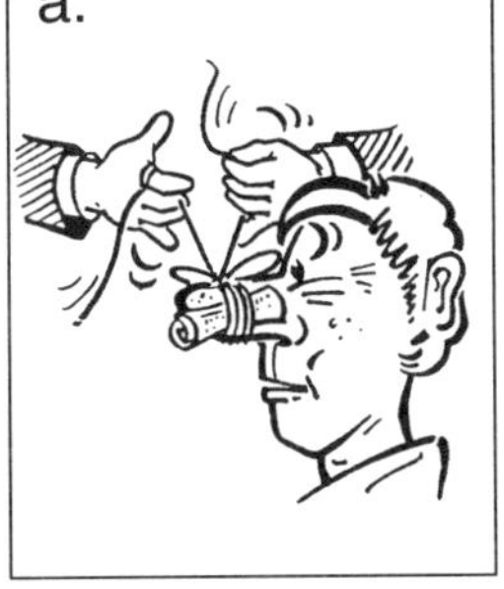

b.

c.

d.

e.

a. ____

b. ____

c. ____

d. ____

e. ____

7. Finden Sie die richtige Bedeutung der unten aufgeführten Fremdwörter heraus. Nur eine Bedeutung ist richtig. Streichen Sie die falschen deutschen Begriffe durch. (2 P.)

faszinieren:	begeistern	verunsichern	sich binden	betrügen
souverän:	untertänig	beleidigend	überlegen	ohne Anstrengung
verbal:	mündlich	schriftlich	tätlich	auf Tätigkeiten bezogen
rationell:	in Gedanken	verständlich	preiswert	zweckmäßig

DRS | Lösung

Richtig schreiben – Sprache untersuchen
Test 5 (Blatt 2)

5. Formen Sie in den folgenden Sätzen die unterstrichenen Satzglieder zu einem Nebensatz mit gleicher Bedeutung um. (1,5 P.)

a. Aufgrund von Liebeskummer schrieb Goethe den Roman „Die Leiden des jungen Werther“.

Goethe schrieb den Roman „Die Leiden des jungen Werther“, weil er Liebeskummer hatte. (Weil Goethe Liebeskummer hatte, schrieb er den Roman „Die Leiden des jungen Werther“.)

b. Im Alter von 22 Jahren lernte Goethe in Wetzlar die schöne Charlotte Buff kennen.

Als Goethe 22 Jahre alt war, lernte er in Wetzlar die schöne Charlotte Buff kennen. (Goethe lernte in Wetzlar die schöne Charlotte Buff kennen, als er 22 Jahre alt war.)

c. Auf Einladung von Herzog Carl August von Sachsen zog Goethe nach Weimar.

Goethe zog nach Weimar, nachdem (da, weil) ihn Herzog Carl August von Sachsen eingeladen hatte.

6. Wie heißen die in den Bildern unten dargestellten Redensarten? (2,5 P.)

a.
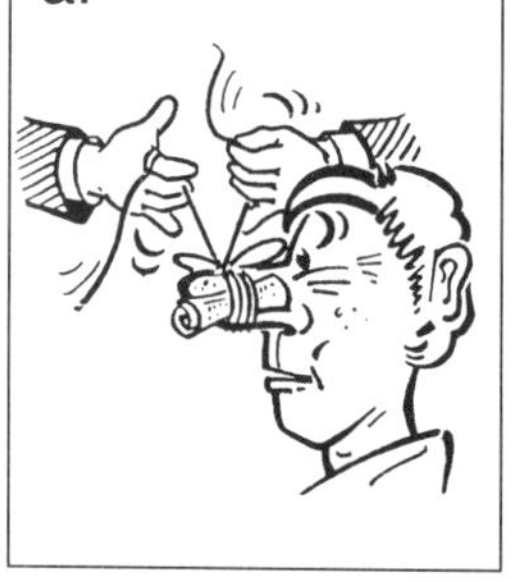

b.

c.

d.

e.

a. *jemandem etwas auf die Nase binden*

b. *jemandem auf den Leim gehen*

c. *den Ast absägen, auf dem man sitzt*

d. *jemandem den Kopf waschen*

e. *sich ins Fettnäpfchen setzen*

7. Finden Sie die richtige Bedeutung der unten aufgeführten Fremdwörter heraus. Nur eine Bedeutung ist richtig. Streichen Sie die falschen deutschen Begriffe durch. (2 P.)

faszinieren:	begeistern	~~verunsichern~~	~~sich binden~~	~~betrügen~~
souverän:	~~untertänig~~	~~beleidigend~~	überlegen	~~ohne Anstrengung~~
verbal:	mündlich	~~schriftlich~~	~~tätlich~~	~~auf Tätigkeiten bezogen~~
rationell:	~~in Gedanken~~	~~verständlich~~	~~preiswert~~	zweckmäßig

DRS | Name: ______________________ | Datum: ______________________

Richtig schreiben – Sprache untersuchen
Test 6 (Blatt 1)

1. Mit welcher Rechtschreibstrategie kann man am besten das Wort an der markierten Stelle richtig schreiben? Kreuzen Sie an. (1,5 Punkte)

a. **Th**ermometer
- ☐ Ich achte auf die Endung.
- ☐ Ich muss mir das Wort merken.
- ☐ Ich überprüfe die Wortart.

b. **a**bends
- ☐ Ich beachte das „s" am Wortende.
- ☐ Ich beachte das Signalwort.
- ☐ Ich verlängere das Wort.

c. zum **M**essen
- ☐ Ich suche verwandte Wörter.
- ☐ Ich trenne das Wort.
- ☐ Ich beachte das Signalwort.

2. Finden Sie die vier falsch geschriebenen Wörter im Text unten heraus, streichen Sie diese durch und schreiben Sie diese auf die Linien. (2 P.)

Heute sammeln Wettersonden an Ballons Messwerte in großer Höhe, Satelitten schießen vom Weltraum aus Fotos von Wolken- und Windsystemen und Radarstationen zeigen an, wo Niederschläge aus den Wolken fallen. Immer schnellere Computer und das Internet ermöglichen den Meteorologen eine Interprätation dieser Daten. Fast eine Woche im voraus kann die moderne Meteorologie heute mit grosser Sicherheit angeben, wie an verschiedenen Punkten auf der Erde das Wetter wird.

______________________ ______________________

______________________ ______________________

3. Setzen Sie die fehlenden Satzzeichen korrekt unten ein. Jeder Fehler ergibt einen halben Punkt Abzug (1,5 P.)

Diplom-Meteorologe Sven Plöger sagt Wer Meteorologe werden will muss ein Vollstudium absolvieren bei dem es hauptsächlich um Physik Mathematik und Datenverarbeitung geht.

4. Finden Sie im Text unten die beiden umgangssprachlichen Ausdrücke, streichen Sie diese durch und ersetzen Sie diese passend. (2 P.)

Der Klimaforscher Frank Sirocko hält es für möglich, dass fette Vulkanausbrüche die Sonneneinstrahlung im Norden abschwächen können. Der Meteorologe Stefan Rahmstorf ist der Meinung, dass nicht einmal zehn kühle Sommer hintereinander eine neue Eiszeit lostreten können.

____

Richtig schreiben – Sprache untersuchen
Test 6 (Blatt 1)

1. Mit welcher Rechtschreibstrategie kann man am besten das Wort an der markierten Stelle richtig schreiben? Kreuzen Sie an. (1,5 Punkte)

a. <u>Th</u>ermometer
- ☐ Ich achte auf die Endung.
- ☒ Ich muss mir das Wort merken.
- ☐ Ich überprüfe die Wortart.

b. <u>a</u>bends
- ☒ Ich beachte das „s" am Wortende.
- ☐ Ich beachte das Signalwort.
- ☐ Ich verlängere das Wort.

c. zum <u>M</u>essen
- ☐ Ich suche verwandte Wörter.
- ☐ Ich trenne das Wort.
- ☒ Ich beachte das Signalwort.

2. Finden Sie die vier falsch geschriebenen Wörter im Text unten heraus, streichen Sie diese durch und schreiben Sie diese auf die Linien. (2 P.)

Heute sammeln Wettersonden an Ballons Messwerte in großer Höhe, ~~Satelitten~~ schießen vom Weltraum aus Fotos von Wolken- und Windsystemen und Radarstationen zeigen an, wo Niederschläge aus den Wolken fallen. Immer schnellere Computer und das Internet ermöglichen den Meteorologen eine ~~Interprätation~~ dieser Daten. Fast eine Woche im ~~voraus~~ kann die moderne Meteorologie heute mit ~~grosser~~ Sicherheit angeben, wie an verschiedenen Punkten auf der Erde das Wetter wird.

Satelliten   *Interpretation*

Voraus   *großer*

3. Setzen Sie die fehlenden Satzzeichen korrekt unten ein. Jeder Fehler ergibt einen halben Punkt Abzug (1,5 P.)

Diplom-Meteorologe Sven Plöger sagt**:** **„**Wer Meteorologe werden will**,** muss ein Vollstudium absolvieren**,** bei dem es hauptsächlich um Physik**,** Mathematik und Datenverarbeitung geht.**“**

4. Finden Sie im Text unten die beiden umgangssprachlichen Ausdrücke, streichen Sie diese durch und ersetzen Sie diese passend. (2 P.)

Der Klimaforscher Frank Sirocko hält es für möglich, dass ~~fette~~ Vulkanausbrüche die Sonneneinstrahlung im Norden abschwächen können. Der Meteorologe Stefan Rahmstorf ist der Meinung, dass nicht einmal zehn kühle Sommer hintereinander eine neue Eiszeit ~~lostreten~~ können.

fette → schwere, gewaltige; lostreten → auslösen, verursachen

DRS	Name: ______________________	Datum: ____________________	

Richtig schreiben – Sprache untersuchen
Test 6 (Blatt 2)

5. Kreuzen Sie die richtige Bedeutung der folgenden Redensarten an. Nur ein Kreuz pro Redewendung ist erlaubt. (1,5 P.)

a. Eine Schwalbe macht noch keinen Sommer.
- ☐ Die Wettervorhersage stimmt nicht.
- ☐ Man soll sich nicht zu früh freuen.
- ☐ Das Leben ist hart.
- ☐ Man muss stets mit Unvorhersehbarem rechnen.

b. Sich drehen wie eine Wetterfahne
- ☐ sich jeder Lage gut anpassen können
- ☐ um sich selbst kreisen
- ☐ alles im Auge behalten
- ☐ seine Meinung je nach Bedarf ändern

c. Kalte Füße bekommen
- ☐ schnell in die warme Wohnung laufen
- ☐ kurz vor Entscheidungen Angst bekommen
- ☐ sich schlimm erkältet haben
- ☐ zu lange draußen in der Kälte geblieben sein

6. Im Folgenden finden Sie einen Satz des Meteorologen Sven Plöger in direkter Rede. Setzen Sie den Satz unten in die indirekte Rede. (1,5 P.)

Sven Plöger berichtet: „Wirklich interessant für Meteorologen ist nur die bodennahe Schicht, die Troposphäre, denn in dieser etwa zehn bis zwölf Kilometer hohen Schicht befinden sich 80 bis 90 Prozent des Wassers und der Luftfeuchte der gesamten Atmosphäre."

____

____

____

____

____

7. Setze die jeweils unterstrichenen Verben in die 2. Vergangenheit. (2 P.)

Aristoteles <u>verfasste</u> im vierten Jahrhundert vor Christus eine Abhandlung, in der er atmosphärische Erscheinungen beschrieb. Nur langsam <u>entwickelte sich</u> die Meteorologie. Das Thermometer <u>gab</u> es seit Ende des 16. Jahrhunderts. Das erste moderne Hygrometer zur Messung der Luftfeuchtigkeit <u>wurde</u> Ende des 18. Jahrhunderts in Frankreich <u>vorgeführt</u>.

____

____

Gesamtpunktzahl: 12 Punkte

DRS | Lösung

Richtig schreiben – Sprache untersuchen
Test 6 (Blatt 2)

5. Kreuzen Sie die richtige Bedeutung der folgenden Redensarten an. Nur ein Kreuz pro Redewendung ist erlaubt. (1,5 P.)

a. Eine Schwalbe macht noch keinen Sommer.
- ☐ Die Wettervorhersage stimmt nicht.
- ☒ Man soll sich nicht zu früh freuen.
- ☐ Das Leben ist hart.
- ☐ Man muss stets mit Unvorhersehbarem rechnen.

b. Sich drehen wie eine Wetterfahne
- ☐ sich jeder Lage gut anpassen können
- ☐ um sich selbst kreisen
- ☐ alles im Auge behalten
- ☒ seine Meinung je nach Bedarf ändern

c. Kalte Füße bekommen
- ☐ schnell in die warme Wohnung laufen
- ☒ kurz vor Entscheidungen Angst bekommen
- ☐ sich schlimm erkältet haben
- ☐ zu lange draußen in der Kälte geblieben sein

6. Im Folgenden finden Sie einen Satz des Meteorologen Sven Plöger in direkter Rede. Setzen Sie den Satz unten in die indirekte Rede. (1,5 P.)

Sven Plöger berichtet: „Wirklich interessant für Meteorologen ist nur die bodennahe Schicht, die Troposphäre, denn in dieser etwa zehn bis zwölf Kilometer hohen Schicht befinden sich 80 bis 90 Prozent des Wassers und der Luftfeuchte der gesamten Atmosphäre."

Sven Plöger berichtet, wirklich interessant für Meteorologen ***sei*** *nur die bodennahe Schicht, die Troposphäre, denn in dieser etwa zehn bis zwölf Kilometer hohen Schicht* ***befänden*** *sich 80 bis 90 Prozent des Wassers und der Luftfeuchte der gesamten Atmosphäre.*

7. Setze die jeweils unterstrichenen Verben in die 2. Vergangenheit. (2 P.)

Aristoteles verfasste im vierten Jahrhundert vor Christus eine Abhandlung, in der er atmosphärische Erscheinungen beschrieb. Nur langsam entwickelte sich die Meteorologie. Das Thermometer gab es seit Ende des 16. Jahrhunderts. Das erste moderne Hygrometer zur Messung der Luftfeuchtigkeit wurde Ende des 18. Jahrhunderts in Frankreich vorgeführt.

hat ... verfasst, hat sich ... entwickelt, hat ... gegeben, ist ... vorgeführt worden

Gesamtpunktzahl: 12 Punkte

DRS | Name: ______________________ | Datum: ______________________

Richtig schreiben – Sprache untersuchen
Test 7 (Blatt 1)

1. Im Text unten befinden sich vier Fehler. Schreiben Sie die Wörter richtig auf die Zeilen unten. (2 P.)

Kennzeichnend für die Konsumgesellschaft sind Massenproduktion und Massenabsatz von kurzlebigen Verbrauchs und Gebrauchsgütern, Herstellung von Wegwerfprodukten und minderwärtiger Billigware sowie eine einseitig Produktorientierte Werbung. In der Konsumgesellschaft scheint die Aufgabe des Menschen nicht mehr produktieve Arbeit, sondern der Kauf und Verbrauch von kurzlebigen Sachgütern zu sein.

______________________ ______________________

______________________ ______________________

2. Finden Sie die passende Rechtschreibstrategie heraus, um das Wort an der markierten Stelle richtig schreiben zu können. Schreiben Sie auf die Leerzeilen. (1 P.)

a. <u>G</u>lobalisierung ______________________

____

b. <u>a</u>bendfüllend ______________________

____

3. Kreuzen Sie den Satz an, der richtig geschrieben ist. (0,5 P.)

☐ Das World Wide Web eröffnete uns eine völlig neue Dimmension des Konsums.
☐ Scheinbar Grenzen los können wir unseren Bedarf an den neuesten Waren decken.
☐ Ein neuer Reiz, der Spielen und Konsumieren vereint, ist damit noch hinzugekommen.

4. Setzen Sie im Text unten die fehlenden Satzzeichen ein. (1 P.)

Shoppen ist zur abendfüllenden Freizeitbeschäftigung geworden vor allem dann wenn man an Auktionen teilnehmen kann.

5. Was bedeuten folgende Wörter? Streichen Sie das Falsche durch. Nur ein Wort pro Zeile ist richtig. (2 P.)

a. Publikation:	Entwicklungsalter	Veröffentlichung	Buchhandel	Wirtshaus
b. Motto:	Schmetterling	Zauberer	Leitspruch	Glücksspiel
c. logisch:	folgerichtig	wörtlich	verständlich	sinngemäß
d. Trophäe:	Stammeszeichen	Siegeszeichen	Tierjagd	Werkzeug

DRS | Lösung

Richtig schreiben – Sprache untersuchen
Test 7 (Blatt 1)

1. Im Text unten befinden sich vier Fehler. Schreiben Sie die Wörter richtig auf die Zeilen unten. (2 P.)

Kennzeichnend für die Konsumgesellschaft sind Massenproduktion und Massenabsatz von kurzlebigen ~~Verbrauchs~~ und Gebrauchsgütern, Herstellung von Wegwerfprodukten und ~~minderwärtiger~~ Billigware sowie eine einseitig ~~Produktorientierte~~ Werbung. In der Konsumgesellschaft scheint die Aufgabe des Menschen nicht mehr ~~produktieve~~ Arbeit, sondern der Kauf und Verbrauch von kurzlebigen Sachgütern zu sein.

Verbrauchs- *minderwertige*

produktorientierte *produktive*

2. Finden Sie die passende Rechtschreibstrategie heraus, um das Wort an der markierten Stelle richtig schreiben zu können. Schreiben Sie auf die Leerzeilen. (1 P.)

a. **G**lobalisierung *Die Nachsilbe „-ung" verlangt die Großschreibung. Wörter mit der Nachsilbe „-ung" sind Nomen (Substantive).*

b. **a**bendfüllend *Das Grundwort „füllend" (Mittelwort der Gegenwart/Partizip I) verlangt die Kleinschreibung.*

3. Kreuzen Sie den Satz an, der richtig geschrieben ist. (0,5 P.)

☐ Das World Wide Web eröffnete uns eine völlig neue ~~Dimmension~~ des Konsums.
☐ Scheinbar ~~Grenzen los~~ können wir unseren Bedarf an den neuesten Waren decken.
☒ Ein neuer Reiz, der Spielen und Konsumieren vereint, ist damit noch hinzugekommen.

4. Setzen Sie im Text unten die fehlenden Satzzeichen ein. (1 P.)

Shoppen ist zur abendfüllenden Freizeitbeschäftigung geworden, vor allem dann, wenn man an Auktionen teilnehmen kann.

5. Was bedeuten folgende Wörter? Streichen Sie das Falsche durch. Nur ein Wort pro Zeile ist richtig. (2 P.)

a. Publikation:	~~Entwicklungsalter~~	Veröffentlichung	~~Buchhandel~~	~~Wirtshaus~~
b. Motto:	~~Schmetterling~~	~~Zauberer~~	Leitspruch	~~Glücksspiel~~
c. logisch:	folgerichtig	~~wörtlich~~	~~verständlich~~	~~sinngemäß~~
d. Trophäe:	~~Stammeszeichen~~	Siegeszeichen	~~Tierjagd~~	~~Werkzeug~~

DRS	Name: ____________________	Datum: ____________________

Richtig schreiben – Sprache untersuchen
Test 7 (Blatt 2)

6. Antonyme sind Wörter, die zu einem Wort die gegenteilige Bedeutung aufweisen. Nur vier Paare sind Antonyme. Finden Sie diese heraus und verbinden Sie diese richtig. (2 P.)

Beispiel: Freude •———• Trauer

Beweis •	• Gewinn
Auflehnung •	• Nachforschung
Sieg •	• Vermutung
Verdacht •	• Gewissheit
Einigkeit •	• Wut
Beschleunigung •	• Übereinstimmung
Niederlage •	• Gehorsam
Verständnislosigkeit •	• Verzögerung

7. Was verstehen Sie unter folgenden Schlagwörtern? Schreibe Sie die Erklärung auf die Zeilen. (2 P.)

a. „11. September“:

____

b. „PISA“:

____

c. „Eiserner Vorhang“:

____

d. „Wende“:

____

8. Setzen Sie in die Tabelle die fehlenden Zeitstufen ein. (1,5 P.)

	Gegenwart	1. Vergangenheit	2. Vergangenheit
finden	du ________	er ________	er ________
fallen	du ________	er ________	er ________
bieten	du ________	er ________	er ________

Gesamtpunktzahl: 12 Punkte

Richtig schreiben – Sprache untersuchen
Test 7 (Blatt 2)

6. Antonyme sind Wörter, die zu einem Wort die gegenteilige Bedeutung aufweisen. Nur vier Paare sind Antonyme. Finden Sie diese heraus und verbinden Sie diese richtig. (2 P.)

Beispiel: Freude • —— • Trauer

Beweis •	• Gewinn
Auflehnung •	• Nachforschung
Sieg •	• Vermutung
Verdacht •	• Gewissheit
Einigkeit •	• Wut
Beschleunigung •	• Übereinstimmung
Niederlage •	• Gehorsam
Verständnislosigkeit •	• Verzögerung

Beweis → Vermutung
Auflehnung → Gehorsam
Verdacht → Gewissheit
Beschleunigung → Verzögerung

7. Was verstehen Sie unter folgenden Schlagwörtern? Schreibe Sie die Erklärung auf die Zeilen. (2 P.)

a. „11. September“:

Terroranschläge am 11. September 2001 auf zivile und militärische Gebäude in den USA

b. „PISA“:

Programme zur internationalen Schülerbewertung nach Alterstufen (PISA-Studien der OECD)

c. „Eiserner Vorhang“:

Grenze zwischen Ostblock (Warschauer Pakt) und Westblock (NATO) während des Kalten Krieges

d. „Wende“:

Gesellschaftspolitischer Wandel in der DDR, der zum Ende der SED-Herrschaft führte

8. Setzen Sie in die Tabelle die fehlenden Zeitstufen ein. (1,5 P.)

	Gegenwart	1. Vergangenheit	2. Vergangenheit
finden	du *findest*	er *fand*	er *hat gefunden*
fallen	du *fällst*	er *fiel*	er *ist gefallen*
bieten	du *bietest*	er *bot*	er *hat geboten*

Gesamtpunktzahl: 12 Punkte

DRS Name: ______________________ Datum: ______________________

Richtig schreiben – Sprache untersuchen
Test 8 (Blatt 1)

1. Finden Sie die passende Rechtschreibstrategie heraus, um das Wort an der markierten Stelle richtig schreiben zu können. Kreuzen Sie an. (1,5 P.)

a. ru**ß**ig
- ☐ Ich muss mir das Wort merken.
- ☐ Ich beachte die Nachsilbe.
- ☐ Ich höre auf den lang gesprochenen Vokal.

b. **E**mission
- ☐ Ich muss mir das Wort merken.
- ☐ Ich beachte die Nachsilbe.
- ☐ Ich bilde die Mehrzahl.

c. schä**d**lich
- ☐ Ich beachte die Nachsilbe.
- ☐ Ich steigere das Wort.
- ☐ Ich trenne das Wort.

2. Im Text unten befinden sich vier Fehler. Streichen Sie die falschen Wörter durch und schreiben Sie diese richtig darunter. (2 P.)

Bodennahes Ozon entsteht, wenn Stickoxide, Kohlenwasserstoffe und die UV-strahlung der Luft aufeinandertreffen. Autos, Industrie und Privathaushalte sorgen für die entstehung des Gesundheitsschädlichen Ozons. Bodennahes Ozon greift die Atmungsorgane an und schädigt auch Pflanzen und Tiere. Nicht zu verwechseln mit dem Ozon der weit entfernten Stratosphäre, dessen nützliche Funktion es ist, ultra violette Strahlen von der Erde abzuhalten.

______________________ ______________________

______________________ ______________________

3. Schreiben Sie den Text unten richtig auf. Jeder Fehler gibt einen halben Punkt Abzug. (1 P.)

smogisteinemischungausnatürlichemnebel,rauchundabgasenundistdeswegenumwelt-undgesund heitsgefährdend.

____

____

____

4. Setzen Sie das jeweils passende Bindewort ein. (1,5 P.)

a. ____________ man weiß, __________ die größten Luftverschmutzer Kohlekraftwerke, Industrieanlagen und der mit dem wachsenden Wohlstand rasant zunehmende Autoverkehr sind, die Smog hervorrufen, wird kaum etwas dagegen unternommen.

b. __________ sich die Stadtluft im Sommer so richtig aufheizt, kann es zu hohen Konzentrationen von Ozon kommen.

DRS | Lösung

Richtig schreiben – Sprache untersuchen
Test 8 (Blatt 1)

1. Finden Sie die passende Rechtschreibstrategie heraus, um das Wort an der markierten Stelle richtig schreiben zu können. Kreuzen Sie an. (1,5 P.)

a. ru**ß**ig
- ☐ Ich muss mir das Wort merken.
- ☐ Ich beachte die Nachsilbe.
- ☒ Ich höre auf den lang gesprochenen Vokal.

b. **E**mission
- ☐ Ich muss mir das Wort merken.
- ☒ Ich beachte die Nachsilbe.
- ☐ Ich bilde die Mehrzahl.

c. schä**d**lich
- ☐ Ich beachte die Nachsilbe.
- ☐ Ich steigere das Wort.
- ☒ Ich trenne das Wort.

2. Im Text unten befinden sich vier Fehler. Streichen Sie die falschen Wörter durch und schreiben Sie diese richtig darunter. (2 P.)

Bodennahes Ozon entsteht, wenn Stickoxide, Kohlenwasserstoffe und die ~~UV-strahlung~~ der Luft aufeinandertreffen. Autos, Industrie und Privathaushalte sorgen für die ~~entstehung~~ des ~~Gesundheitsschädlichen~~ Ozons. Bodennahes Ozon greift die Atmungsorgane an und schädigt auch Pflanzen und Tiere. Nicht zu verwechseln mit dem Ozon der weit entfernten Stratosphäre, dessen nützliche Funktion es ist, ~~ultra violette~~ Strahlen von der Erde abzuhalten.

UV-Strahlung | *Entstehung*

gesundheitsschädlichen | *ultraviolette*

3. Schreiben Sie den Text unten richtig auf. Jeder Fehler gibt einen halben Punkt Abzug. (1 P.)

smogisteinemischungausnatürlichemnebel,rauchundabgasenundistdeswegenumwelt-undgesundheitsgefährdend.

Smog ist eine Mischung aus natürlichem Nebel, Rauch und Abgasen und ist deswegen umwelt- und gesundheitsgefährdend.

4. Setzen Sie das jeweils passende Bindewort ein. (1,5 P.)

a. *Obwohl* man weiß, *dass* die größten Luftverschmutzer Kohlekraftwerke, Industrieanlagen und der mit dem wachsenden Wohlstand rasant zunehmende Autoverkehr sind, die Smog hervorrufen, wird kaum etwas dagegen unternommen.

b. *Wenn* sich die Stadtluft im Sommer so richtig aufheizt, kann es zu hohen Konzentrationen von Ozon kommen.

DRS	Name: ______________________	Datum: ____________________	

Richtig schreiben – Sprache untersuchen
Test 8 (Blatt 2)

5. Suchen Sie im folgenden Satz je ein Beispiel für die angegebenen **Satzglieder**. Schreiben Sie diese **vollständig** in die Zeilen daneben. (2,5 P.)

Bei Ozonalarm sollten sich vor allem alte Menschen und Kinder in geschlossenen Räumen aufhalten oder die Gefahrenzone ganz verlassen.

a. Subjekt: ______________________________

b. Prädikat: ______________________________

c. Akkusativobjekt: ______________________________

d. Umstand des Ortes: ______________________________

e. Umstand der Art und Weise: ______________________________

6. Bestimmen Sie bei den unterstrichenen Wörtern aus dem Satz unten die jeweilige **Wortart**. Schreiben Sie diese auf die Zeilen unten. (2,5 P.)

Im Rekordsommer 2003 <u>starben</u> allein in Deutschland mehr als 7000 Menschen <u>an</u> <u>den</u> <u>Folgen</u> der <u>extremen</u> Hitze.

a. an: ______________________________

b. den: ______________________________

c. Folgen: ______________________________

d. extremen: ______________________________

e. starben: ______________________________

7. Finden Sie die richtige Bedeutung der unten aufgeführten Fremdwörter heraus. Kreuze Sie das richtige Wort an. (1 P.)

a. perfekt
- ☐ treulos
- ☐ regelmäßig
- ☐ begrenzt
- ☐ vollkommen
- ☐ gescheit

b. Delikt
- ☐ Gerichtsverhandlung
- ☐ Gartengerät
- ☐ Überbleibsel
- ☐ Vergehen
- ☐ Beschlagnahmung

Gesamtpunktzahl: 12 Punkte

DRS | Lösung

Richtig schreiben – Sprache untersuchen
Test 8 (Blatt 2)

5. Suchen Sie im folgenden Satz je ein Beispiel für die angegebenen **Satzglieder**. Schreiben Sie diese **vollständig** in die Zeilen daneben. (2,5 P.)

Bei Ozonalarm sollten sich vor allem alte Menschen und Kinder in geschlossenen Räumen aufhalten oder die Gefahrenzone ganz verlassen.

a. Subjekt: *alte Menschen und Kinder*

b. Prädikat: *sich aufhalten/verlassen*

c. Akkusativobjekt: *die Gefahrenzone*

d. Umstand des Ortes: *in geschlossenen Räumen*

e. Umstand der Art und Weise: *ganz*

6. Bestimmen Sie bei den unterstrichenen Wörtern aus dem Satz unten die jeweilige **Wortart**. Schreiben Sie diese auf die Zeilen unten. (2,5 P.)

Im Rekordsommer 2003 starben allein in Deutschland mehr als 7000 Menschen an den Folgen der extremen Hitze.

a. an: *Verhältniswort (Präposition)*

b. den: *bestimmter Begleiter (Artikel)*

c. Folgen: *Nomen (Substantiv)*

d. extremen: *Eigenschaftswort (Adjektiv)*

e. starben: *Tunwort (Verb)*

7. Finden Sie die richtige Bedeutung der unten aufgeführten Fremdwörter heraus. Kreuze Sie das richtige Wort an. (1 P.)

a. perfekt
- ☐ treulos
- ☐ regelmäßig
- ☐ begrenzt
- ☒ vollkommen
- ☐ gescheit

b. Delikt
- ☐ Gerichtsverhandlung
- ☐ Gartengerät
- ☐ Überbleibsel
- ☒ Vergehen
- ☐ Beschlagnahmung

Gesamtpunktzahl: 12 Punkte

DRS | Name: ______________________ | Datum: ______________________

Richtig schreiben – Sprache untersuchen
Test 9 (Blatt 1)

1. Im Text unten befinden sich vier falsch geschriebene Wörter. Schreiben Sie diese richtig auf. (2 P.)

Die Pressefreiheit ist fest im Grundgesetz veranckert: „Jeder hat das recht, seine Meinung in Wort, Schrift und Bild frei zu äußern und zu verbreiten und sich aus allgemein zugänglichen Quellen ungehindert zu unterrichten. Die Pressefreiheit und die Freiheit der Berichterstattung durch Rundfunk und Film werden gewehrleistet. Eine Zensur findet nicht stadt."

______________________ ______________________

______________________ ______________________

2. Was bedeuten folgende Abkürzungen? (1 P.)

Art. ______________________ § ______________________

3. Wandeln Sie den folgenden Satz in die indirekte Rede um. (0,5 P.)
Der Chefredakteur einer Zeitung erklärte: „Die Durchsuchung der Redaktionsräume durch die Polizei hat gegen geltendes Recht verstoßen."

____

____

4. Formen Sie den nachstehenden Satz ins Passiv um. (1 P.)
Die Öffentlichkeit schätzt die Pressefreiheit inzwischen sehr hoch ein.

____

____

5. Erklären Sie in den beiden nachfolgenden Sätzen jeweils das unterstrichene Wort. (1 P.)

a. Ein Grundrecht garantiert, dass <u>Redaktionen</u> ihre Quellen geheim halten dürfen.

____

b. Das Grundrecht der Pressefreiheit kann aber nicht nur <u>konträr</u> zu den politischen Interessen Einzelner stehen, sondern zu auch anderen Grundrechten wie zum Beispiel der Menschenwürde desjenigen, über den berichtet wird.

____

6. Setzen Sie die fehlenden Satzzeichen ein. Jedes falsch gesetzte Satzzeichen ergibt einen halben Punkt Abzug. (1 P.)

Der zweite Absatz des Grundgesetzartikels 5 ergänzt deshalb Diese Rechte finden ihre Schranken in den Vorschriften der allgemeinen Gesetze den gesetzlichen Bestimmungen zum Schutze der Jugend und in dem Recht der persönlichen Ehre.

DRS | Lösung

Richtig schreiben – Sprache untersuchen
Test 9 (Blatt 1)

1. Im Text unten befinden sich vier falsch geschriebene Wörter. Schreiben Sie diese richtig auf. (2 P.)

Die Pressefreiheit ist fest im Grundgesetz ~~veranckert~~: „Jeder hat das ~~recht~~, seine Meinung in Wort, Schrift und Bild frei zu äußern und zu verbreiten und sich aus allgemein zugänglichen Quellen ungehindert zu unterrichten. Die Pressefreiheit und die Freiheit der Berichterstattung durch Rundfunk und Film werden ~~gewehrleistet~~. Eine Zensur findet nicht ~~stadt~~."

verankert | *Recht*

gewährleistet | *statt*

2. Was bedeuten folgende Abkürzungen? (1 P.)

Art. *Artikel* | § *Paragraf (alternativ: Paragraph)*

3. Wandeln Sie den folgenden Satz in die indirekte Rede um. (0,5 P.)
Der Chefredakteur einer Zeitung erklärte: „Die Durchsuchung der Redaktionsräume durch die Polizei hat gegen geltendes Recht verstoßen."

Der Chefredakteur einer Zeitung erklärte, die Durchsuchung der Redaktionsräume durch die Polizei habe gegen geltendes Recht verstoßen. (... erklärte, dass ... verstoßen habe.)

4. Formen Sie den nachstehenden Satz ins Passiv um. (1 P.)
Die Öffentlichkeit schätzt die Pressefreiheit inzwischen sehr hoch ein.

Die Pressefreiheit wird von der Öffentlichkeit inzwischen sehr hoch eingeschätzt.

5. Erklären Sie in den beiden nachfolgenden Sätzen jeweils das unterstrichene Wort. (1 P.)

a. Ein Grundrecht garantiert, dass Redaktionen ihre Quellen geheim halten dürfen.

Gesamtheit der (schreibenden) Mitarbeiter von Presse, Rundfunk und Fernsehen

b. Das Grundrecht der Pressefreiheit kann aber nicht nur konträr zu den politischen Interessen Einzelner stehen, sondern zu auch anderen Grundrechten wie zum Beispiel der Menschenwürde desjenigen, über den berichtet wird.

gegensätzlich, entgegengesetzt, im Gegensatz stehend

6. Setzen Sie die fehlenden Satzzeichen ein. Jedes falsch gesetzte Satzzeichen ergibt einen halben Punkt Abzug. (1 P.)

Der zweite Absatz des Grundgesetzartikels 5 ergänzt deshalb**:** Diese Rechte finden ihre Schranken in den Vorschriften der allgemeinen Gesetze**,** den gesetzlichen Bestimmungen zum Schutze der Jugend und in dem Recht der persönlichen Ehre.

DRS | Name: ______________________ | Datum: ______________________

Richtig schreiben – Sprache untersuchen
Test 9 (Blatt 2)

7. Finden Sie die übertragene Bedeutung heraus, die in den Bildern dargestellt ist. (2,5 P.)

a.

b.

c.

d.

e.

a. ______________________________

b. ______________________________

c. ______________________________

d. ______________________________

e. ______________________________

Beispiel:
Fingerhut

8. Suchen Sie in den zwei Sätzen unten zu den angegebenen Beispielen die passenden **Satzglieder.** Schreiben Sie diese in die Zeilen daneben. (2,5 P.)

<u>Nach Kriegsende</u> bekam <u>Deutschland</u> von den Alliierten <u>die Pressefreiheit</u> systematisch verordnet. Die deutschen Politiker <u>konnten sich</u> zunächst nur schwer <u>vorstellen</u>, Journalisten frei und <u>ohne direkten Zugriff</u> durch die Politik arbeiten zu lassen.

a. Deutschland: ______________________________

b. nach Kriegsende: ______________________________

c. ohne direkten Zugriff: ______________________________

d. die Pressefreiheit: ______________________________

e. konnten sich ... vorstellen: ______________________________

9. Kreuzen Sie den Satz an, der richtig geschrieben ist. (0,5 P.)

☐ Der Oberbegriff Presse leitet sich von der Druckerpresse ab und bezog sich ursprünglich auf die Gesamtheit aller verbreiteten Druck-Erzeugnisse.

☐ In der zweiten Hälfte des 19. Jahrhundert begann der Begriff allmählich, die Bedeutung „Gesamtheit der gedruckten Zeitungen und Zeitschriften" anzunehmen.

☐ Die Presse hat in einer demokratischen Gesellschaft einen wesentlichen Einfluß auf die öffentliche Meinung und auf politische Entscheidungen.

Gesamtpunktzahl: 12 Punkte

DRS | Lösung

Richtig schreiben – Sprache untersuchen
Test 9 (Blatt 2)

7. Finden Sie die übertragene Bedeutung heraus, die in den Bildern dargestellt ist. (2,5 P.)

a.

b.

c.

d.

e.

a. *Flussarm(e)*

b. *Bergfuß (am Fuß des Berges)*

c. *Lampenschirm*

d. *Schlüsselbart*

e. *Zahnrad*

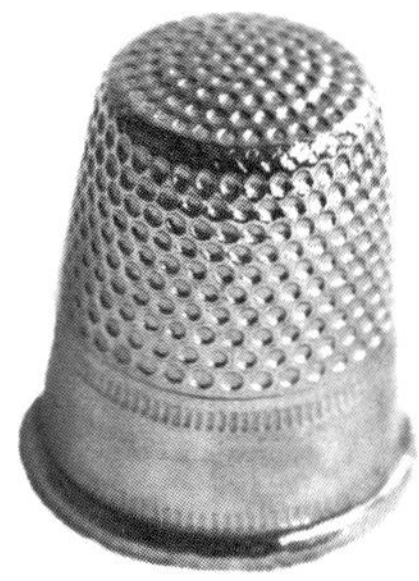

Beispiel:
Fingerhut

8. Suchen Sie in den zwei Sätzen unten zu den angegebenen Beispielen die passenden **Satzglieder.** Schreiben Sie diese in die Zeilen daneben. (2,5 P.)

Nach Kriegsende bekam Deutschland von den Alliierten die Pressefreiheit systematisch verordnet. Die deutschen Politiker konnten sich zunächst nur schwer vorstellen, Journalisten frei und ohne direkten Zugriff durch die Politik arbeiten zu lassen.

a. Deutschland: *Subjekt*

b. nach Kriegsende: *Umstand/Adverbiale der Zeit*

c. ohne direkten Zugriff: *Umstand/Adverbiale der Art und Weise*

d. die Pressefreiheit: *Objekt im 4. Fall/Akkusativobjekt*

e. konnten sich ... vorstellen: *Prädikat*

9. Kreuzen Sie den Satz an, der richtig geschrieben ist. (0,5 P.)

☒ Der Oberbegriff Presse leitet sich von der Druckerpresse ab und bezog sich ursprünglich auf die Gesamtheit aller verbreiteten Druck-Erzeugnisse.

☐ In der zweiten Hälfte des 19. ~~Jahrhundert~~ begann der Begriff allmählich, die Bedeutung „Gesamtheit der gedruckten Zeitungen und Zeitschriften“ anzunehmen.

☐ Die Presse hat in einer demokratischen Gesellschaft einen wesentlichen ~~Einfluß~~ auf die öffentliche Meinung und auf politische Entscheidungen.

Gesamtpunktzahl: 12 Punkte

DRS	Name: ______________________	Datum: ________________	

Richtig schreiben – Sprache untersuchen
Test 10 (Blatt 1)

1. Im Text unten befinden sich vier Fehler. Streichen Sie die falschen Wörter durch und schreiben Sie diese richtig darunter. (2 P.)

Hunderte von Kammeras presentieren die Athleten bei den Olympischen Spielen heute hautnah: jeder Sieg, jede Emotion wird eingefangen – olympische Tränen, ob über den Erfolg oder über die Niederlage vergossen, nichts entgeht der Kamera und damit den Milliarden von Zuschauer an den Fernsehgeräten. Die Medien sind zum Wichtigsten Motor geworden, der die Vermarktung der Spiele vorantreibt.

______________________ ______________________

______________________ ______________________

2. Setzen Sie die fehlenden Satzzeichen ein. Jedes falsch gesetzte Satzzeichen ergibt einen halben Punkt Abzug. (1 P.)

Die Olympischen Spiele der Antike vereinten und begeisterten die Griechen und wurden in zeitgenössischen Berichten oft dokumentiert diskutiert ja manchmal sogar kritisiert.

3. Finden Sie die Bedeutung der unterstrichenen Fremdwörter heraus und schreiben Sie die Erklärung auf die Zeilen unter dem Text. (2 P.)

Die Olympischen Spiele sind ein internationaler Sportwettkampf, der im <u>Turnus</u> von vier Jahren stattfindet. Die Ursprünge der Olympischen Spiele liegen in der <u>Antike</u>: Seit etwa 700 v. Chr. wurden Turniere im griechischen Olympia zu Ehren des Gottes Zeus abgehalten. Im Jahr 393 n. Chr. sah der römische Kaiser Theodosius I. in den Olympischen Spielen einen heidnischen <u>Ritus</u> und verbot die Wettkämpfe. 1896 wurden die Olympischen Spiele auf <u>Initiative</u> des Franzosen Pierre de Coubertin wieder eingeführt.

____

____

____

____

4. Welche Lösungsstrategie trifft an der gekennzeichten Stelle zu? Kreuzen Sie an. (1 P.)

a. zeitna<u>**h**</u> ______________________________

____

b. beschäfti**g**t ______________________________

____

DRS | Lösung

Richtig schreiben – Sprache untersuchen
Test 10 (Blatt 1)

1. Im Text unten befinden sich vier Fehler. Streichen Sie die falschen Wörter durch und schreiben Sie diese richtig darunter. (2 P.)

Hunderte von ~~Kammeras~~ ~~presentieren~~ die Athleten bei den Olympischen Spielen heute hautnah: jeder Sieg, jede Emotion wird eingefangen – olympische Tränen, ob über den Erfolg oder über die Niederlage vergossen, nichts entgeht der Kamera und damit den Milliarden von ~~Zuschauer~~ an den Fernsehgeräten. Die Medien sind zum ~~Wichtigsten~~ Motor geworden, der die Vermarktung der Spiele vorantreibt.

Kameras | *präsentieren*

Zuschauern | *wichtigsten*

2. Setzen Sie die fehlenden Satzzeichen ein. Jedes falsch gesetzte Satzzeichen ergibt einen halben Punkt Abzug. (1 P.)

Die Olympischen Spiele der Antike vereinten und begeisterten die Griechen und wurden in zeitgenössischen Berichten oft dokumentiert, diskutiert, ja manchmal sogar kritisiert.

3. Finden Sie die Bedeutung der unterstrichenen Fremdwörter heraus und schreiben Sie die Erklärung auf die Zeilen unter dem Text. (2 P.)

Die Olympischen Spiele sind ein internationaler Sportwettkampf, der im Turnus von vier Jahren stattfindet. Die Ursprünge der Olympischen Spiele liegen in der Antike: Seit etwa 700 v. Chr. wurden Turniere im griechischen Olympia zu Ehren des Gottes Zeus abgehalten. Im Jahr 393 n. Chr. sah der römische Kaiser Theodosius I. in den Olympischen Spielen einen heidnischen Ritus und verbot die Wettkämpfe. 1896 wurden die Olympischen Spiele auf Initiative des Franzosen Pierre de Coubertin wieder eingeführt.

Turnus: regelmäßiger Wechsel, festgelegte Reihenfolge, regelmäßige Abfolge

Antike: klassisches Altertum und seine Kultur, Welt der Griechen und Römer

Ritus: feierlicher Brauch, religiöse Handlung, Gewohnheit, Kulthandlung, Zeremoniell, Ritual

Initiative: Anstoß/erster Schritt zu einer Handlung, Entschlusskraft, Unternehmergeist

4. Welche Lösungsstrategie trifft an der gekennzeichneten Stelle zu? Kreuzen Sie an. (1 P.)

a. zeitna**h** — *Ich verlängere/steigere das Wort → zeitnäher. So kann ich das Dehnungs-h deutlich hören.*

b. beschäfti**g**t — *Ich bilde die Grundform und trenne das Wort → beschäftigen. Das „g" wird deutlich hörbar.*

DRS	Name: ____________________	Datum: ____________________	

Richtig schreiben – Sprache untersuchen
Test 10 (Blatt 2)

5. Formulieren Sie die nachfolgenden Sätze so um, dass die unterstrichenen Teile durch einen entsprechenden Nebensatz ersetzt werden. (1,5 P.)

a. Trotz täglichen Trainings schaffen es viele Athleten oft nicht, beim Wettkampf die beste Leistung abzurufen.

____

____

b. Durch gezieltes Training kann man Sportler zu Höchstleistungen bringen.

____

____

c. Nur unter optimalen Rahmenbedingungen können Athleten erfolgsversprechend trainieren.

____

____

6. Suchen Sie für die unterstrichenen Wörter je ein Synonym, das heißt einen Begriff mit gleicher oder ähnlicher Bedeutung. Achten Sie dabei auf den Text- und Sinnzusammenhang. (1,5 P.)

a. Der Zuschauer weigerte sich beharrlich seinen Platz zu verlassen.

____

b. Der Kampfrichter war irritiert, weil die Startreihenfolge nicht stimmte.

____

c. Hart strafen anstatt nur deutlich missbilligen ist das richtige Mittel gegen Dopingvergehen.

____

7. Setzen Sie in die Tabelle die fehlenden Zeitstufen ein. (3 P.)

	Gegenwart	1. Vergangenheit	2. Vergangenheit
wissen	du ________	er ________	er ________
verstehen	du ________	er ________	er ________
geben	du ________	er ________	er ________
gewinnen	du ________	er ________	er ________
fliegen	du ________	er ________	er ________
halten	du ________	er ________	er ________

Gesamtpunkte: 12 Punkte

DRS | Lösung

Richtig schreiben – Sprache untersuchen
Test 10 (Blatt 2)

5. Formulieren Sie die nachfolgenden Sätze so um, dass die unterstrichenen Teile durch einen entsprechenden Nebensatz ersetzt werden. (1,5 P.)

a. Trotz täglichen Trainings schaffen es viele Athleten oft nicht, beim Wettkampf die beste Leistung abzurufen.

Obwohl viele Athleten täglich trainieren, schaffen sie es oft nicht, beim Wettkampf die beste Leistung abzurufen.

b. Durch gezieltes Training kann man Sportler zu Höchstleistungen bringen.

Indem man Sportler gezielt trainiert, kann man sie ... Dadurch, dass man Sportler gezielt trainiert, kann man sie ... Wenn Sportler gezielt trainiert werden, kann man sie ...

c. Nur unter optimalen Rahmenbedingungen können Athleten erfolgsversprechend trainieren.

Nur wenn die Rahmenbedingungen optimal sind, können Athleten erfolgsversprechend trainieren.

6. Suchen Sie für die unterstrichenen Wörter je ein Synonym, das heißt einen Begriff mit gleicher oder ähnlicher Bedeutung. Achten Sie dabei auf den Text- und Sinnzusammenhang. (1,5 P.)

a. Der Zuschauer weigerte sich beharrlich seinen Platz zu verlassen.

unbeirrt, unverdrossen, hartnäckig, ungerührt

b. Der Kampfrichter war irritiert, weil die Startreihenfolge nicht stimmte.

verwirrt, verunsichert

c. Hart strafen anstatt nur deutlich missbilligen ist das richtige Mittel gegen Dopingvergehen.

beanstanden, bemängeln, kritisieren, tadeln, Anstoß nehmen

7. Setzen Sie in die Tabelle die fehlenden Zeitstufen ein. (3 P.)

	Gegenwart	1. Vergangenheit	2. Vergangenheit
wissen	du *weißt*	er *wusste*	er *hat gewusst*
verstehen	du *verstehst*	er *verstand*	er *hat verstanden*
geben	du *gibst*	er *gab*	er *hat gegeben*
gewinnen	du *gewinnst*	er *gewann*	er *hat gewonnen*
fliegen	du *fliegst*	er *flog*	er *ist geflogen*
halten	du *hältst*	er *hielt*	er *hat gehalten*

Gesamtpunkte: 12 Punkte

DRS | Name: ____________ | Datum: ____________

Richtig schreiben – Sprache untersuchen
Test 11 (Blatt 1)

1. Im Text befinden sich vier falsch geschriebene Wörter. Schreiben Sie diese richtig auf. (2 P.)

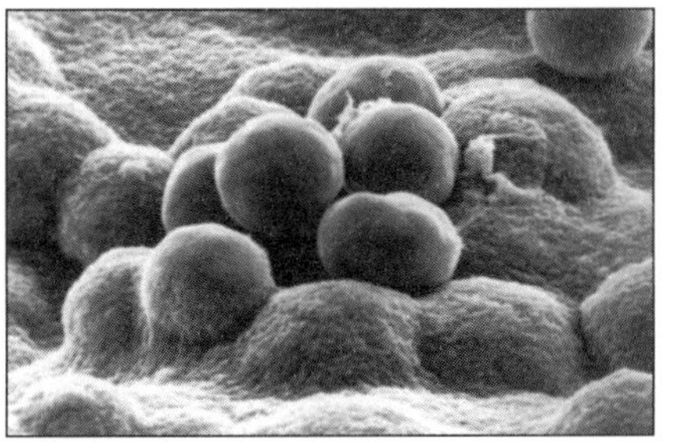

Seuchen sind die Geiseln der Menschheit. Sie sind hoch ansteckende Infektionskrankheiten, die sich plötzlich Massenhaft ausbreiten. Der schwere Krankheitsverlauf fordert häufig zahlreiche Todesopfer. Ausgelöst werden die meisten Seuchen durch Bakterien, Pilze, Vieren und Parasiten. So alt wie das erscheinen von Epidemien ist auch das Bemühen der Menschen, sich gegen den lautlosen und unbarmherzigen Tod zur Wehr zu setzen.

______________________ ______________________

______________________ ______________________

2. Setzen Sie den folgenden Satz ins Passiv. (0,5 P.)

Der Mediziner und Mikrobiologe Robert Koch entdeckte die Erreger der Cholera, der Wundinfektion und der Tuberkulose.

____

____

3. Setzen Sie die fehlenden Satzzeichen ein. Jedes falsch gesetzte Satzzeichen ergibt einen halben Punkt Abzug. (1,5 P.)

Malaria Pest Cholera und Ebola allein der Klang dieser Namen jagt uns einen kalten Schauer über den Rücken.

4. Welcher Satz ergibt **keinen** Sinn? Kreuzen Sie diesen Satz an. (0,5 P.)

- ☐ Nicht jede Infektion führt zwangsläufig zu einer Erkrankung, wenn Krankheitserreger in den Körper gelangen.
- ☐ Eine Infektion führt dann nicht zu einer Erkrankung, wenn keine Krankheitserreger in den Körper gelangen.
- ☐ Jede Infektion führt zwangsläufig zu einer Erkrankung, wenn Krankheitserreger in den Körper gelangen.
- ☐ Natürlich kommt es nicht zu einer Erkrankung, wenn keine Krankheitserreger in den Körper gelangen.

5. Trennen Sie folgende Wörter. (1 P.)

a. Choleraerreger ______________________

b. ansteckende ______________________

DRS | Lösung

Richtig schreiben – Sprache untersuchen
Test 11 (Blatt 1)

1. Im Text befinden sich vier falsch geschriebene Wörter. Schreiben Sie diese richtig auf. (2 P.)

Seuchen sind die ~~Geiseln~~ der Menschheit. Sie sind hoch ansteckende Infektionskrankheiten, die sich plötzlich ~~Massenhaft~~ ausbreiten. Der schwere Krankheitsverlauf fordert häufig zahlreiche Todesopfer. Ausgelöst werden die meisten Seuchen durch Bakterien, Pilze, ~~Vieren~~ und Parasiten. So alt wie das ~~erscheinen~~ von Epidemien ist auch das Bemühen der Menschen, sich gegen den lautlosen und unbarmherzigen Tod zur Wehr zu setzen.

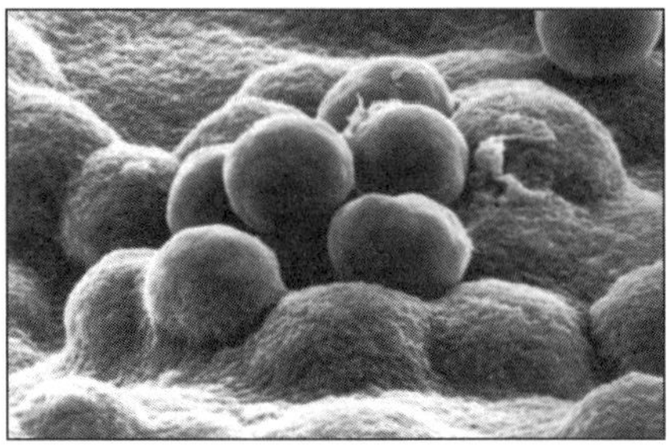

Geißeln | *massenhaft*

Viren | *Erscheinen*

2. Setzen Sie den folgenden Satz ins Passiv. (0,5 P.)

Der Mediziner und Mikrobiologe Robert Koch entdeckte die Erreger der Cholera, der Wundinfektion und der Tuberkulose.

Die Erreger der Cholera, der Wundinfektion und der Tuberkulose wurden von dem Mediziner und Mikrobiologen Robert Koch entdeckt.

3. Setzen Sie die fehlenden Satzzeichen ein. Jedes falsch gesetzte Satzzeichen ergibt einen halben Punkt Abzug. (1,5 P.)

Malaria**,** Pest**,** Cholera und Ebola **–** allein der Klang dieser Namen jagt uns einen kalten Schauer über den Rücken.

4. Welcher Satz ergibt **keinen** Sinn? Kreuzen Sie diesen Satz an. (0,5 P.)

- ☐ Nicht jede Infektion führt zwangsläufig zu einer Erkrankung, wenn Krankheitserreger in den Körper gelangen.
- ☐ Eine Infektion führt dann nicht zu einer Erkrankung, wenn keine Krankheitserreger in den Körper gelangen.
- ☒ Jede Infektion führt zwangsläufig zu einer Erkrankung, wenn Krankheitserreger in den Körper gelangen.
- ☐ Natürlich kommt es nicht zu einer Erkrankung, wenn keine Krankheitserreger in den Körper gelangen.

5. Trennen Sie folgende Wörter. (1 P.)

a. Choleraerreger *Cho - le - ra - er - re - ger*

b. ansteckende *an - ste - cken - de*

DRS	Name: ________________	Datum: ________________	

Richtig schreiben – Sprache untersuchen
Test 11 (Blatt 2)

6. Ersetzen Sie die unterstrichenen Wörter mit fremdsprachlicher Wurzel durch einen **deutschen** Begriff. Der Sinn des Satzes darf dabei nicht verändert werden. (2 P.)

a. Träume regen auch die Fantasie der Menschen an. ________________

b. Experimente in der Biologie haben oft erstaunliche Resultate. ________________

c. Schlafstörungen sind oft psychisch bedingt. ________________

d. Infektionen verursachen oft massive Störungen des Körpers. ________________

7. Füllen Sie die Lücken der folgenden Sätze so, dass jeweils passende Redewendungen aus dem Wortfeld „Schlaf/schlafen" entstehen. Achten Sie auf grammatikalische Richtigkeit. (2 P.)

a. Der Mediziner hatte sich seinen Vortrag so gut eingeprägt, dass er ihn ________________

________________.

b. „Vor dieser Idee warne ich", sprach der besorgte Biologe, „mit zu viel Aufmerksamkeit könnten wir bei der Presse ________________ wecken."

c. „Den Zeitpunkt der wissenschaftlichen Veröffentlichung kann ich noch nicht entscheiden, da muss ich erst ________________", meinte Robert Koch.

d. Doch die Sorge vor einer Übernahme der Klinik ________________ ihm den Schlaf.

8. Ersetze die fünf unterstrichenen Ausdrücke durch im Zusammenhang bedeutungsgleiche und füge diese in die Klammern ein. Verwende keine Umgangssprache. (2,5 P.)

a. Man hört sie nicht, man sieht sie nicht – aber sie tickt unablässig (________________): die innere Uhr des Körpers.

b. Wer morgens mit den ersten Sonnenstrahlen aufsteht und schnell (________________) aus dem Bett kommt, gilt in unserer Gesellschaft als fleißig, Langschläfer hingegen gelten als faul.

c. Aber ihr Ansehen (________________) leidet zu Unrecht, behaupten heute viele Wissenschaftler.

d. Es ist nicht fehlender Arbeitswille, sondern insbesondere (________________) eine Frage der inneren Uhr: der Gene, die unseren Biorhythmus vorgeben (________________ ________________).

Gesamtpunktzahl: 12 Punkte

DRS | Lösung

Richtig schreiben – Sprache untersuchen
Test 11 (Blatt 2)

6. Ersetzen Sie die unterstrichenen Wörter mit fremdsprachlicher Wurzel durch einen **deutschen** Begriff. Der Sinn des Satzes darf dabei nicht verändert werden. (2 P.)

a. Träume regen auch die Fantasie der Menschen an. *Vorstellung, Vorstellungskraft*

b. Experimente in der Biologie haben oft erstaunliche Resultate. *Auswirkungen, Erfolge, Ergebnisse*

c. Schlafstörungen sind oft psychisch bedingt. *seelisch, geistig*

d. Infektionen verursachen oft massive Störungen des Körpers. *starke, große, deutliche*

7. Füllen Sie die Lücken der folgenden Sätze so, dass jeweils passende Redewendungen aus dem Wortfeld „Schlaf/schlafen" entstehen. Achten Sie auf grammatikalische Richtigkeit. (2 P.)

a. Der Mediziner hatte sich seinen Vortrag so gut eingeprägt, dass er ihn *im Schlaf konnte (beherrschte/aufsagen konnte)*.

b. „Vor dieser Idee warne ich", sprach der besorgte Biologe, „mit zu viel Aufmerksamkeit könnten wir bei der Presse *schlafende Hunde* wecken."

c. „Den Zeitpunkt der wissenschaftlichen Veröffentlichung kann ich noch nicht entscheiden, da muss ich erst *eine Nacht darüber schlafen*", meinte Robert Koch.

d. Doch die Sorge vor einer Übernahme der Klinik *raubte* ihm den Schlaf.

8. Ersetze die fünf unterstrichenen Ausdrücke durch im Zusammenhang bedeutungsgleiche und füge diese in die Klammern ein. Verwende keine Umgangssprache. (2,5 P.)

a. Man hört sie nicht, man sieht sie nicht – aber sie tickt unablässig (*immer, ständig, stets*): die innere Uhr des Körpers.

b. Wer morgens mit den ersten Sonnenstrahlen aufsteht und schnell (*rasch, gleich, sofort, flink*) aus dem Bett kommt, gilt in unserer Gesellschaft als fleißig, Langschläfer hingegen gelten als faul.

c. Aber ihr Ansehen (*Ruf, Image*) leidet zu Unrecht, behaupten heute viele Wissenschaftler.

d. Es ist nicht fehlender Arbeitswille, sondern insbesondere (*vor allem, in erster Linie*) eine Frage der inneren Uhr: der Gene, die unseren Biorhythmus vorgeben (*festlegen, bestimmen, regeln*).

Gesamtpunktzahl: 12 Punkte